धन, संपत्ति, कैरियर संबंधी प्रश्नों के उत्तर

पामिस्ट्री के अनुभूत प्रयोग-1

लेखक, संपादक

दयानंद वर्मा, निशा घई

डायमंड बुक्स

www.diamondbook.in

प्रकाशक : **डायमंड पॉकेट बुक्स (प्रा.) लि.**
X-30 ओखला इंडस्ट्रियल एरिया, फेज-II
नई दिल्ली-110020
फोन : 011-40712200
ई-मेल : sales@dpb.in
वेबसाइट : www.diamondbook.in

Palmistry Ke Anubhut Prayog-I

By : Dayanand Verma, Nisha Ghai

भूमिका

पामिस्ट्री की सफलता के टिप्स

अच्छे लक्षणों से युक्त हाथ वाले हमें निर्धन लग सकते हैं और अत्यंत धनी दिखाई देने वाले हाथों के लक्षण अशुभ हो सकते हैं। यह देखकर हमारे शिक्षार्थी आश्चर्य में पड़ जाते हैं।

वास्तव में धनाढ्यता और निर्धनता, दोनों सापेक्ष अवस्थाएं हैं। एक व्यक्ति ऐसे परिवार में जन्मा है, जहां किसी को जूता पहनना नसीब नहीं हुआ, उस परिवार का व्यक्ति यदि एक साइकिल भी खरीद लेता है तो अपनी पारिवारिक अवस्था के अनुसार वह धनी है और एक अन्य व्यक्ति के पास एक सामान्य देशी कार है, उसके मित्रों, संबंधियों के पास लंबी कारें हैं, तो वह अपने आपको निर्धन मानने को बाध्य है।

यदि रेखाएं निरंतर शुभ होती चली जाती हैं, तो धनी से अधिक धनी होने की प्रक्रिया जारी रहती है, चाहे वह साइकिल वाला हो, चाहे वह कार वाला हो।

निर्धनता और धन का संबंध परिसंपत्ति (Assets) देनदारी (Liability) की मात्रा के अंतर से भी होता है, आय और व्यय के अंतर से भी होता है। व्यक्ति की हजार रुपये मासिक आय हो किंतु खर्च नौ सौ रुपये हो, वह धनी है। इसके विपरीत जिसकी आय लाख रुपये मासिक हो और खर्च सवा लाख हो, वह निर्धन है।

संपत्ति का अर्थ कुछ व्यक्ति केवल अचल संपत्ति मानते हैं, जबकि संपत्ति में बैंक-बैलेंस, शेयर, इंश्योरेंस पालिसी, मकान, नकद व अन्य रूप भी होते हैं।

बड़े व्यापार में कर्ज लेना सामान्य बात है। व्यक्ति पर देनदारी की जितनी मात्रा है, उससे अधिक परिसंपत्ति है, तो भी हाथ के लक्षण धनी बताएंगे। नकदी का प्रवाह रुकने से उन्हें अस्थाई परेशानी हो सकती है अथवा एक ओर का प्रवाह रोककर दूसरी ओर व्यय करने से कष्ट भी हो सकता है, किंतु यह अस्थाई स्थिति सुधर जाती है, जबकि परिसंपत्ति देयता से अधिक हो। उपाय का समय उस परेशानी की अवस्था में तनाव दूर करने में सहायक होता है।

–दयानंद वर्मा

संस्थापक

इंस्टीट्यूट ऑफ पामिस्ट्री
W–21, ग्रेटर कैलाश पार्ट–I
नई दिल्ली–110048
फोन नं.–011–29242432/41630337
मोबाइल–09910446002
ई–मेल–nishaghai@hotmail.com
website: www.instituteofpalmistry.com

विषय सूची

पामिस्ट्री का बेसिक ज्ञान

पामिस्ट्री में हाथ के दो विभाग हैं :

1. अंगूठा तथा उंगलियां
2. हथेली तथा हथेली के पर्वत।

अंगूठा (देखें चित्र 1/1)

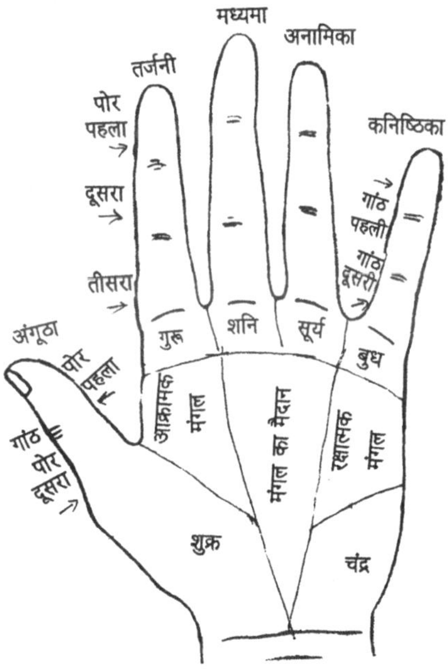

लंबा अंगूठा विवेक और बुद्धिमानी की निशानी है। छोटा अंगूठा जल्दबाजी की प्रवृत्ति बताता है। इसका पहला पोर (नाखून वाला पोर)

व्यक्ति की संकल्प शक्ति की मात्रा बताता है। जिनका पहला पोर बड़ा होता है, उनमें कर्मठता कम होती है। वे सोच-विचार अधिक करते हैं। छोटे अंगूठे वाले बिना सोचे-विचारे कार्य करते हैं।

उंगलियां (पुनः देखें चित्र 1/1)

प्रत्येक उंगली के तीन पोर होते हैं। नाखून वाले पोर को पहला पोर कहते हैं। उसके बाद वाले मध्य पोर को दूसरा पोर कहते हैं। हथेली से जुड़े पोर को तीसरा पोर कहते हैं।

अंगूठे के साथ की पहली उंगली को **तर्जनी** कहते हैं। यह व्यक्ति के अहंभाव, सम्मान पाने की इच्छा बताती है। यदि यह उंगली सामान्य से अधिक लंबी हो तो व्यक्ति में दूसरों को दबाने की प्रवृत्ति होती है। यदि सामान्य से छोटी हो तो व्यक्ति में कोई महत्त्वाकांक्षा नहीं होती। वह मात्र अनुयायी होता है।

तर्जनी के साथ की दूसरी उंगली को **मध्यमा** कहते हैं। यह व्यक्ति में ठहराव, बुद्धिमानी और एकांतप्रियता प्रकट करती है। सामान्यतः यह उंगली अन्य सभी उंगलियों से लंबी होती है। यदि यह पहली उंगली तर्जनी या तीसरी उंगली अनामिका के बराबर की हो तो इसे छोटी मध्यमा कहते हैं। सामान्य से छोटी मध्यमा वाले व्यक्ति में छिछोरापन होता है और सामान्य से लंबी मध्यमा वाला व्यक्ति सोसायटी, मेलजोल से दूर रहता है।

तीसरी उंगली **अनामिका** है। यह व्यक्ति की दिखावे की प्रवृत्ति, यश की आकांक्षा बताती है। छोटी अनामिका वाले व्यक्ति में दिखावे की प्रवृत्ति बिलकुल नहीं होती, न ही वे रिस्क लेते हैं। यदि यह उंगली सामान्य से अधिक लंबी हो, अर्थात तर्जनी से अधिक लंबी हो तो व्यक्ति का दिखावा, आडंबर बन जाता है और जोखिम में रस लेने की उसकी इच्छा बढ़ जाती है। जुआ, सट्टा आदि विषय जोखिम लेने के अलग-अलग प्रकार हैं।

चौथी उंगली को **कनिष्ठिका** कहते हैं। यह उंगली व्यक्ति की वाक्पटुता और चतुरता बताती है। अनामिका के पहले पोर के जोड़ तक पहुंचने वाली कनिष्ठिका सामान्य आकार की होती है। इससे अधिक लंबी हो तो व्यक्ति में ये विशेषताएं बढ़ जाती हैं। यदि यह उंगली सामान्य से छोटी हो तो व्यक्ति में ये विशेषताएं घट जाती हैं। सामान्य से छोटी

कनिष्ठिका वाले व्यक्ति में हीनता की भावना होती है, उसमें खुलकर बात करने का साहस नहीं होता है।

अंगूठे और उंगलियों के विषय में अन्य तथ्य

पहली उंगली तर्जनी के तीसरे पोर के मध्य तक पहुंचने वाला अंगूठा सामान्य लंबाई का होता है। उससे कम हो तो उसे छोटा अंगूठा कहते हैं। इससे अधिक हो तो उसे लंबा अंगूठा कहते हैं। उंगलियों के जोड़ की गांठें अधिक स्पष्ट हों तो व्यक्ति सोचता अधिक है। उसमें भावना की बजाय विश्लेषण-बुद्धि की प्रधानता होती है। उंगलियां इतनी मुलायम हों कि गांठें दिखाई न दें तो व्यक्ति कल्पनाप्रधान और भावुक होता है। वह विचार और मनन द्वारा निर्णय पर नहीं पहुंचता, बल्कि भावना द्वारा पहुंचता है।

हथेली तथा हथेली के पर्वत

(पुनः देखें चित्र 1/1)

अब हथेली का विषय लेते हैं। पूरी हथेली को पामिस्ट्री में नौ भागों में बांटा गया है। इन भागों को हथेली के पर्वत कहा जाता है।

पहली उंगली तर्जनी के आधार का छोटा-सा भाग व्यक्ति की नेतृत्व की इच्छा, महत्त्वाकांक्षा तथा अहंभाव की मात्रा बताता है। इस स्थान का नाम पामिस्ट्री में **बृहस्पति पर्वत** (माउंट ऑफ जुपीटर) है। बृहस्पति देवताओं का गुरु है, इसलिए इसे **गुरु पर्वत** भी कहते हैं। इस पर्वत से संबंधित उंगली तर्जनी में गुरु पर्वत की विशेषताएं होती हैं।

दूसरी उंगली मध्यमा के नीचे का थोड़ा-सा स्थान व्यक्ति की सौम्यता, विश्लेषण-शक्ति, धन-संपत्ति की इच्छा तथा एकांतप्रियता की मात्रा बताता है। इस स्थान का नाम शनि ग्रह के नाम पर **शनि पर्वत** रखा गया है। इससे संबंधित मध्यमा उंगली में इस पर्वत की विशेषताएं होती हैं।

तीसरी उंगली अर्थात अनामिका के नीचे का थोड़ा-सा स्थान व्यक्ति के उत्साह, उसकी दिखावे की प्रवृत्ति तथा कलाप्रियता की मात्रा बताता है। इस स्थान का नाम **सूर्य पर्वत** है। अनामिका उंगली में इस पर्वत की विशेषताएं होती हैं।

चौथी उंगली अर्थात कनिष्ठिका की जड़ का स्थान व्यक्ति की

व्यावहारिक बुद्धि तथा वाक्पटुता की मात्रा बताता है। इस स्थान का नाम **बुध पर्वत** है। चौथी उंगली बुध पर्वत की विशेषताओं का प्रतिनिधित्व करती है।

बुध पर्वत के नीचे का थोड़ा-सा स्थान व्यक्ति की धीरता की मात्रा बताता है। पश्चिमी पामिस्ट्री में इस स्थान को **ऊर्ध्व मंगल (अपर मार्स)** कहते हैं।

पश्चिमी पामिस्ट्री में गुरु पर्वत के नीचे के स्थान को **निम्न मंगल (लोअर मार्स)** कहा गया है। यह स्थान व्यक्ति के साहस की मात्रा बताता है, किंतु हमने अपने अनुभव से देखा है कि पामिस्ट्री के जि. ज्ञासुओं के लिए निम्न मंगल और ऊर्ध्व मंगल को याद रखना कठिन है। जिज्ञासुओं की सुविधा के लिए इन दोनों स्थलों की विशेषताओं के आधार पर इन दोनों पर्वत-स्थलों के नाम में मामूली परिवर्तन किया जा रहा है। अतः बुध पर्वत के नीचे के मंगल स्थल को हम ऊर्ध्व मंगल की बजाय **रक्षात्मक मंगल** कहेंगे और मंगल का वह भाग जो गुरु के नीचे है, उसे उस स्थल की विशेषता के अनुसार **आक्रामक मंगल** कहेंगे।

इन विशेषताओं के अनुसार मंगल के इन दोनों पर्वतों को अलग-अलग याद रखना सरल है।

रक्षात्मक मंगल के नीचे हथेली के अंतिम किनारे से सटा कलाई तक का भाग व्यक्ति की कल्पना-शक्ति और परिवर्तन की चाह की मात्रा बताता है। इस स्थान का नाम **चंद्र पर्वत** है।

आक्रामक मंगल के नीचे अंगूठे की जड़ से कलाई तक का बड़ा भाग व्यक्ति के सेक्स, जीवन-शक्ति तथा सहानुभूति की मात्रा बताता है। इस स्थान का नाम **शुक्र पर्वत** है।

इन सभी पर्वतों के मध्य भाग को **मंगल का मैदान** कहते हैं। यह स्थान यदि भरा-भरा हो तो व्यक्ति में शारीरिक शक्ति अधिक होती है और वह हिम्मत नहीं हारता, यदि धंसा हुआ हो तो व्यक्ति संघर्ष में घबरा जाता है।

जिस हथेली का जो पर्वत स्थल भरा-भरा हो उसे विकसित पर्वत कहते हैं। जिस हाथ का जो पर्वत विकसित होता है, उस पर्वत की विशेषताएं व्यक्ति में प्रमुख होती हैं। शनि पर्वत आमतौर पर दबा होता है, किंतु शनि पर्वत से संबंधित उंगली 'मध्यमा' आमतौर पर लंबी होती है, इसलिए अविकसित शनि पर्वत की कमी पूरी हो जाती है।

– हस्तरेखा-विशेषज्ञ का कार्य एक डॉक्टर जैसा होता है। डॉक्टर दवाई देकर शरीर का रोग दूर करता है, रेखा-विशेषज्ञ को मन की चिकित्सा करनी होती है, जो शरीर की चिकित्सा से कठिन कार्य है।

– इंस्टीट्यूट ऑफ पामिस्ट्री

हाथ देखने के कुछ अन्य नियम

हाथ दायां देखें या बायां?

स्त्री और पुरुष के दोनों हाथ देखने चाहिए। यदि दोनों हाथ की रेखाएं एक जैसी हों, तो व्यक्ति के जीवन में अधिक उतार–चढ़ाव नहीं होते। यदि दोनों की रेखाओं में अंतर हो तो मुख्यता सक्रिय हाथ को देनी चाहिए। सक्रिय हाथ उसे कहते हैं, जिससे व्यक्ति लिखने का कार्य करता है। आमतौर पर व्यक्तियों का दायां हाथ सक्रिय होता है। जिस व्यक्ति का बायां हाथ अधिक सक्रिय हो तो उसके बाएं हाथ की रेखाओं को मुख्यता देनी चाहिए।

हाथ के स्तर

हाथ की त्वचा लचीली हो तो व्यक्ति का स्वभाव लचीलापन लिए होता है। त्वचा सख्त और मोटी हो तो व्यक्ति विचारों को आसानी से नहीं बदलता। उसके स्वभाव में दृढ़ता होती है। त्वचा लचीली हो और हाथ सख्त हो तो उसे ठोस हाथ कहते हैं। ऐसा व्यक्ति विचारशील और कर्मठ होता है। उसके विचारों में लचीलापन और दृढ़ता दोनों होते हैं। लचीली त्वचा के साथ हाथ बहुत मुलायम हो तो उसे पिलपिला हाथ कहते हैं। ऐसे व्यक्ति का मन गतिशील होता है, किंतु शारीरिक शक्ति कम होती है।

हथेली के रंग

गुलाबी रंग शुभ होता है। गेहुंए व्यक्ति के हाथ की हथेली की रंगत गेहुंए रंग की मिलावट लिए होती है। वह भी शुभ है। लाल हथेली क्रोध की अधिक मात्रा बताती है। पीली हथेली पीलिया (जॉं. डस) रोग की संभावना बताती है। सफेद हथेली के व्यक्ति अपने हित की सोचते हैं।

नाखून

लंबाई और चौड़ाई में पर्याप्त बड़े नाखून को बड़ा नाखून कहते हैं। (देखें चित्र 2/1) बड़े नाखून अच्छे होते हैं। ऐसा व्यक्ति तनाव, झटके सहकर भी संतुलित रहता है। लंबे किंतु कम चौड़े नाखून वाले व्यक्ति को गले के रोगों की संभावना होती है (देखें चित्र 2/2)। नाखून की चौड़ाई पूरी हो और लंबाई कम हो तो ऐसे नाखून को छोटा नाखून कहते हैं (देखें चित्र 2/3 । ऐसे व्यक्तियों में सहनशीलता नहीं होती। वे जल्दी तनावग्रस्त हो जाते हैं।

2/1 2/2 2/3

अब हम हथेली के विषय में और बातें संक्षेप में बताते हैं।

चौड़ी हथेली वाले व्यक्ति हर विषय का व्यावहारिक पक्ष देखते हैं। ये शारीरिक दृष्टि से अधिक क्रियाशील होते हैं। लंबी हथेली के व्यक्ति में योजना बनाने की आदत होती है।

छोटे हाथ वाले व्यक्ति हर कार्य को ऊपरी तौर पर देखते हैं, गहराई में नहीं जाते। वे हर कार्य को जल्दी निबटाते हैं। यह बात छोटी उंगलियों के विषय में भी है। जिन व्यक्तियों के हाथ की उंगलियां छोटी होती हैं, उनमें कार्य करने की गति तेज होती है।

इसके विपरीत बड़े हाथ वाले व्यक्ति हर कार्य को सूक्ष्मता से करते हैं। इनके कार्य की गति धीमी होती है। यदि हाथ की उंगलियां भी लंबी हों तो उनके कार्य का स्तर ऊंचा हो जाता है, किंतु गति और कम हो जाती है।

बड़े और छोटे हाथों का भेद भी समझें। स्त्रियों का कद और उनके हाथ का आकार पुरुषों की अपेक्षा छोटा होता है, उसे सामान्य समझें। निर्णय करते समय व्यक्ति के कद का ध्यान रखें।

हाथ भरा-भरा हो तो व्यक्ति कर्मठ होता है। वह हार नहीं मानता, खुले दिल का होता है। हाथ पतला हो तो व्यक्ति के मन की थाह पाना सरल नहीं होता।

– जिस प्रकार डॉक्टर रक्त आदि के टेस्ट देखकर शरीर के भीतरी अंगों की क्रियाओं को समझ सकता है, उसी प्रकार हस्त–वैज्ञानिक हाथ की रेखाएं देखकर भीतर छिपी संभावनाओं को समझ सकता है। छिपी संभावनाओं को पढ़ना ही भूत, भविष्य और वर्तमान को पढ़ना है।

– इंस्टीट्यूट ऑफ पामिस्ट्री

हस्तरेखाओं का सामान्य परिचय

हथेली पर अनेक प्रकार की रेखाएं होती हैं। उनमें से जो रेखाएं अधिक हाथों पर होती हैं, उनको मुख्य रेखाएं कहते हैं। जो रेखाएं किसी-किसी हाथ में होती हैं, उन्हें गौण रेखाएं कहते हैं। मुख्य और गौण रेखाओं के नाम पामिस्ट्री संबंधी पुस्तकों में आए हैं, किंतु हाथों पर बहुत-सी रेखाएं ऐसी भी होती हैं कि जिनको कोई नाम नहीं दिए गए हैं। ये 'प्रभाव रेखाएं' कहलाती हैं। प्रभाव रेखा जिस पर्वत पर उदित होती है, उस पर्वत से संबंधित मस्तिष्क का केंद्र अधिक शक्तिशाली होता है। प्रभाव रेखा जिस पर्वत या रेखा को जाती है, उस रेखा या पर्वत का आकर्षण अधिक होता है। इन प्रभाव रेखाओं से क्रॉस, स्टार, द्वीप आदि अनेक आकृतियां बनती हैं। उन आकृतियों को हथेली के चिह्न कहते हैं। चिह्नों का फल हम इसी 'पुनरावलोकन' भाग में आगे देंगे। पहले मुख्य और गौण रेखाओं के नाम तथा उनकी विशेषता बताते हैं।

पहली कोटि की मुख्य रेखाएं

जीवन रेखा (देखें चित्र 3/1)

भारतीय सामुद्रिक शास्त्र में इसे गोत्र रेखा और पितृ रेखा कहते हैं। उनके अनुसार यह रेखा कुल (वंश) के विषय में बताती है। पश्चिमी पामिस्ट इस रेखा को शारीरिक क्षमता की रेखा कहते हैं। आयु और रोग का विषय इस रेखा से देखते हैं, किंतु हमारे अनुभव के अनुसार यह रेखा स्वास्थ्य, धन-संपत्ति, स्थान-परिवर्तन के विषय में भी बताती है। यह रेखा अर्द्धगोलाकार हो, पतली और गहरी हो तो शुभ होती है। मोटी, छिछली और सीधी रेखा शुभ नहीं होती। सीधी जीवन रेखा चित्र 3/2 में देखें।

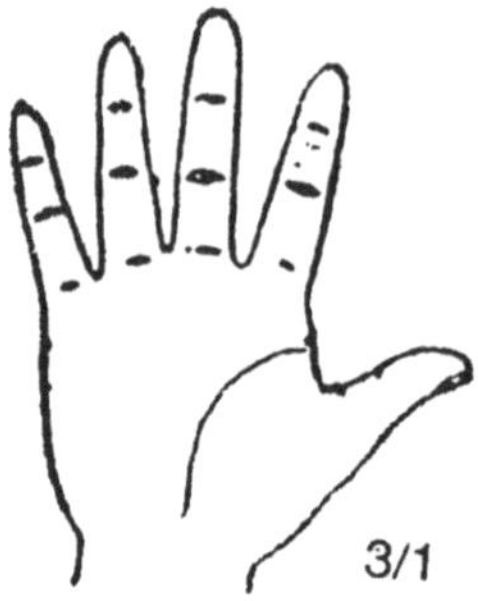

3/1

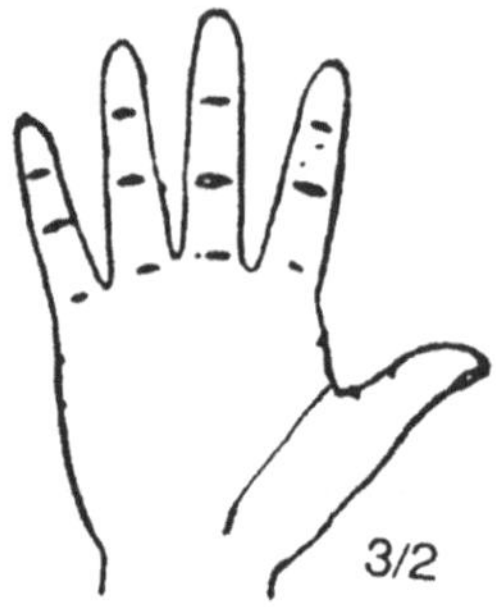

3/2

इस रेखा का उदय स्थल आक्रामक मंगल तथा गुरु पर्वत का मध्य भाग है तथा समापन स्थल कलाई के निकट है। कभी-कभी यह रेखा गुरु पर्वत या आक्रामक मंगल या हथेली के मध्य भाग से भी आरंभ होती देखी गई है। इसकी समाप्ति शुक्र पर्वत अथवा चंद्र पर्वत पर होती है। उदय या समापन स्थल के अनुसार पर्वतों की विशेषताएं उसके फल में सहायक बनती हैं।

मस्तिष्क रेखा (देखें चित्र 3/3)

भारतीय सामुद्रिक शास्त्र में इसे मातृ रेखा और धन रेखा कहा गया है। पश्चिमी पामिस्ट इसे मस्तिष्क रेखा कहते हैं। इससे दिमाग का स्तर, बुद्धि का स्तर देखते हैं। साथ ही धन संबंधी प्रश्नों के उत्तर भी इसी रेखा से प्राप्त होते हैं। गहराई से देखा जाए तो मस्तिष्क अर्थात बुद्धि का धन से संबंध होता है। जब धन को जाना होता है तो बुद्धि पहले भ्रष्ट होती है और जब धन को आना होता है तो बुद्धि पहले आती है। सामान्यतः इसका निकास स्थान आक्रामक मंगल तथा गुरु पर्वत का मध्य भाग होता है और समापन रक्षात्मक मंगल, किंतु अनेक हाथों में यह रेखा गुरु पर्वत या आक्रामक मंगल या जीवन रेखा से उदित देखी जाती है और समापन बुध की ओर या चंद्र पर्वत पर भी होता है। उदय स्थल और समापन स्थल का प्रभाव इस रेखा के फल में शामिल हो जाता है।

हृदय रेखा (देखें चित्र 3/4)

भारतीय सामुद्रिक शास्त्र में इसे आयु रेखा कहते हैं और स्वास्थ्य तथा आयु संबंधी प्रश्नों के फल इसमें देखते हैं और इसका आरंभ बुध पर्वत तथा समापन शनि अथवा गुरु पर्वत मानते हैं। पश्चिमी

पामिस्ट्री में इससे व्यक्ति की भावना की मात्रा देखते हैं। भावनाओं में प्रेम, क्रोध, मित्रता आदि भाव आते हैं। इसके आरंभ और समापन के विषय में सभी पश्चिमी पामिस्ट एकमत नहीं हैं, किंतु हमारे अनुभव के अनुसार यह रेखा भावना, प्रेम, स्वास्थ्य के विषय में बताती है और गुरु पर्वत से आरंभ होकर बुध पर्वत और रक्षात्मक मंगल के मध्य की ओर जाती है। कुछ हाथों में शनि पर्वत से आरंभ होती है और समापन दिशा बुध पर्वत के ओर भी होती है।

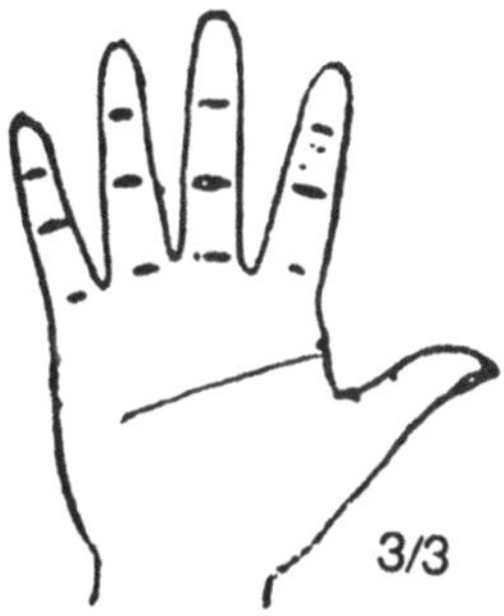

3/3

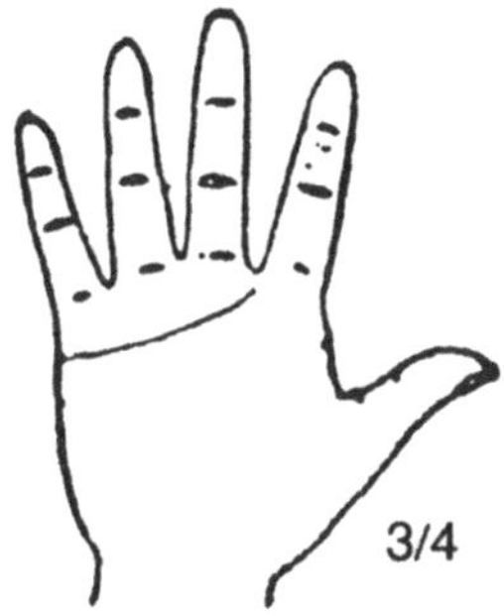

3/4

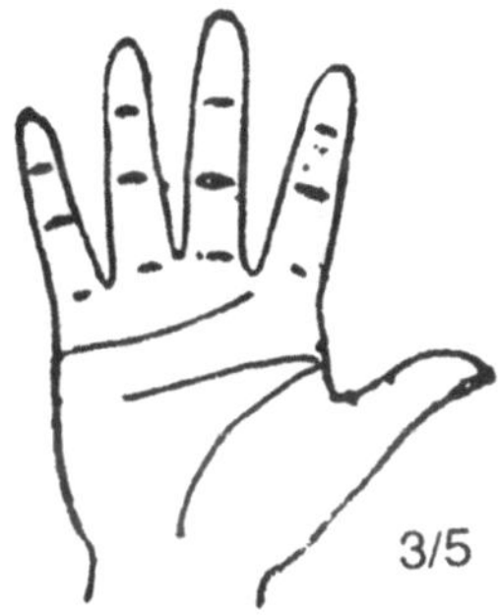

3/5

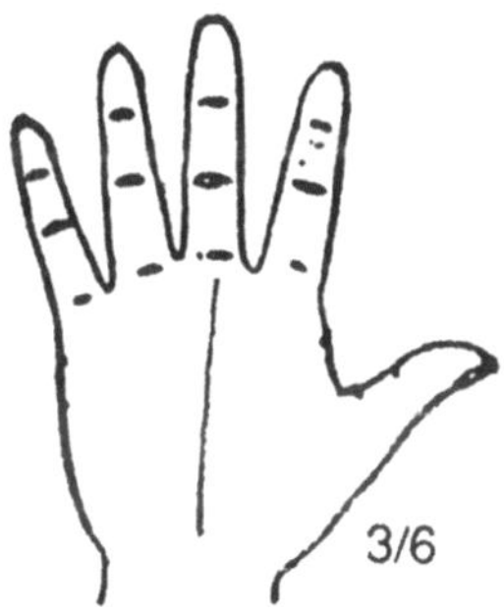

3/6

इन तीन रेखाओं के अन्य पक्ष

भारतीय सामुद्रिक शास्त्र में हृदय रेखा से जीवन साथी का विषय, मस्तिष्क रेखा से मातृ पक्ष तथा जीवन रेखा से पिता का पक्ष देखते हैं। इस विद्या में अभी गहरे अनुसंधान की आवश्यकता है। अनुसंधान कभी समाप्त नहीं होते। इस पुस्तक में हमने अपने अनुभवों के अनुसार समापन स्थल और उदय स्थल बताएं हैं। चित्र 3/5 में प्रथम कोटि की ये तीनों मुख्य रेखाएं एक साथ दिखाई गई हैं।

दूसरी कोटि की मुख्य रेखाएं

शनि रेखा (देखें चित्र 3/6)

भारतीय सामुद्रिक शास्त्र इसे ऊर्ध्व रेखा तथा इंदिरा रेखा कहते हैं। पश्चिमी पामिस्ट इसे भाग्य रेखा या धन रेखा कहते हैं। हमने इसे शनि रेखा इसलिए कहा है कि इसकी दिशा शनि पर्वत होती है। इस रेखा से धन-संपत्ति संबंधी प्रश्नों के उत्तर मिलते हैं। साथ ही यह रेखा विवाह तथा प्रेम-संबंधों के बारे में भी बताती है। यह रेखा जीवन रेखा से उदित हो तो बहुत अच्छी होती है। कलाई के मध्य से निकली जीवन रेखा से तनिक फासले से उदित होने वाली भी अच्छी होती है। जीवन रेखा से अत्यंत सटकर निकलने वाली शनि रेखा अच्छी नहीं होती। चंद्र पर्वत तथा शुक्र पर्वत से भी शनि रेखा उदित होती है, किंतु उसका प्रभाव उस समय से दिखाई देता है, जिस समय वह सीधी होकर शनि के क्षेत्र में प्रवेश करती है।

भारतीय सामुद्रिक शास्त्र में मध्यमा उंगली के आधार से कलाई तक का भाग शनि का क्षेत्र माना गया है। इस क्षेत्र को चित्र 3/7 में देखें। शनि रेखा धन-प्राप्ति संबंधी प्रयत्नों के बारे में बताती है, किंतु उन प्रयत्नों का फल तभी प्राप्त होगा, जब इससे तनिक फासले पर अन्य समानांतर रेखा सहायक बनती है अथवा सूर्य रेखा उदित होती है। शनि रेखा से अत्यंत सटकर चलने वाली रेखा कुठार रेखा कहलाती है, जो प्रयत्नों को सफल होने से रोकती है।

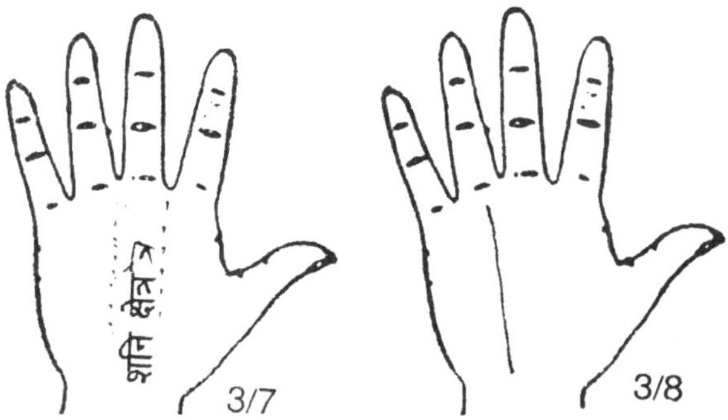

3/7 3/8

सूर्य रेखा (देखें चित्र 3/8)

यह शनि रेखा की सहायक रेखा है। भारतीय सामुद्रिक शास्त्र में

इसे धर्म रेखा, विद्या रेखा तथा पुण्य रेखा कहते हैं। इसका आरंभ कलाई, जीवन रेखा, शनि रेखा या चंद्र पर्वत से होता है। दिशा सूर्य पर्वत की ओर है। यह प्रयत्नों की सफलता देने वाली रेखा है। वे प्रयत्न विद्या के क्षेत्र में हों, धन के क्षेत्र में हों, राजनीति, मुकदमे, यात्रा अथवा प्रेम आदि के क्षेत्रों में हों, इस रेखा के उदित होने के समय से व्यक्ति को प्रयत्नों में सफलता मिलती है। रेखाओं द्वारा समय जानने की विधि हम इसी पुनरावलोकन भाग में आगे बताएंगे।

बुध रेखा (देखें चित्र 3/9)

भारतीय सामुद्रिक शास्त्र में इसे आरोग्य रेखा या स्वास्थ्य रेखा कहते हैं। पश्चिमी पामिस्ट्री में इसे स्वास्थ्य रेखा या जिगर रेखा कहते हैं। इस रेखा के उदय स्थल तथा इसके फल के विषय में बहुत मतभेद हैं, किंतु हमारे अनुभव के अनुसार यह मस्तिष्क की चतुरता अथवा व्यापारिक बुद्धि के विषय में बताती है और इसका आरंभ कलाई से, शुक्र पर्वत से, जीवन रेखा से, शनि रेखा से, सूर्य रेखा से अथवा चंद्र पर्वत से होता है और समापन की दिशा बुध पर्वत है। स्पष्ट रेखा अच्छा दिमाग और अच्छा स्वास्थ्य बताती है। अस्पष्ट और टूटी-फूटी बुध रेखा, बुरा स्वास्थ्य और भ्रमित बुद्धि बताती है।

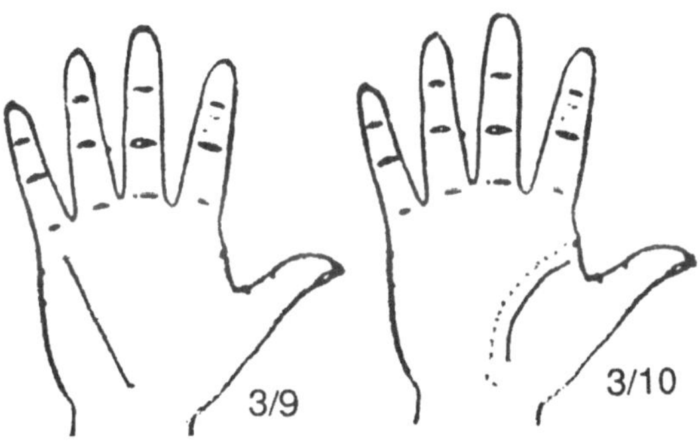

मंगल रेखा (देखें चित्र 3/10)

कुछ पामिस्ट इसे शुक्र पर्वत की प्रभाव रेखा मानते हैं। यह जीवन रेखा के अंदर समानांतर रेखा है। जीवन रेखा के अत्यंत निकट हो अथवा अधिक गहरी हो तो व्यक्ति में रोष की मात्रा बताती है, दूर हो तो शांत स्वभाव। यह रेखा दांपत्य जीवन के बारे में भी बताती है। इस रेखा का आरंभ आक्रामक मंगल तथा मार्ग की दिशा जीवन रेखा के भीतर समानांतर चलती हुई कलाई या शुक्र पर्वत होती है।

कामभाव की रेखा या विवाह रेखा (देखें चित्र 3/11)

हमने लोक प्रचलित विवाह रेखा को कामभाव की रेखा कहा है, क्योंकि यह व्यक्ति के उन संबंधों के विषय में बताती है, जिनका सेक्स से संबंध है। वह संबंध बिना अग्नि के फेरे लिए या बिना निकाह पढ़े या बिना चर्च की अनुमति के लंबे समय तक चल सकता है। यह रेखा बुध पर्वत की ओर के हथेली के बाहरी भाग से आरंभ होती है और दिशा बुध पर्वत है।

सीधी रेखा सामान्य और अच्छा दांपत्य प्रेम संबंध बताती है। इस रेखा के हृदय रेखा की ओर झुकने का अर्थ है जीवनसाथी के साथ संबंधों में बाधा या जीवनसाथी का बुरा स्वास्थ्य। इस रेखा की दिशा कनिष्ठिका की ओर होने से जीवनसाथी लंबी आयु पाते हैं। ये रेखाएं संख्या में एक या दो या तीन हो सकती हैं, किंतु इसका अर्थ उतने विवाह या उतने काम संबंध नहीं होते। इस पुस्तक के दूसरे भाग में विवाह के प्रसंग में इनके विषय में अधिक बताएंगे। यहां हम इतना बताते हैं कि केवल इसी रेखा के भरोसे काम संबंधों, विवाह या प्रेम के विषय में निर्णय मत करें। मंगल रेखा, शनि रेखा, सूर्य रेखा, शुक्र पर्वत तथा गुरु पर्वत के संकेत देखकर विवाह, तलाक आदि के विषय में बताएं। इन संबंधों के अनेक फार्मूले हम इस पुस्तक के दूसरे भाग में दे रहे हैं।

भारतीय सामुद्रिक शास्त्र में पुरुष के बाएं हाथ की हृदय रेखा पत्नी के विषय में कही गई है और स्त्री के दाएं हाथ की हृदय रेखा पति के विषय में कही जाती है, किंतु उसके फल के संबंध में प्रमाण अधिक नहीं मिले हैं।

संतान संबंधी रेखाएं (देखें चित्र 3/12)

विवाह रेखा के ऊपर खड़ी रेखाओं को पश्चिमी पामिस्ट्री में संतान रेखाएं कहते हैं। (देखें चित्र 3/12–ए) किंतु हमारे अनुभव के अनुसार ये रेखाएं गलत जवाब देती हैं। भारतीय हस्त सामुद्रिक शास्त्र में संतान संबंधी प्रश्नों के उत्तर पाने के लिए जीवन रेखा की गोलाकार आकृति (देखें चित्र 3/12–बी) अंगूठे के मूल पर बने द्वीपों की संख्या (देखें चित्र 3/12–सी) हृदय रेखा के अंत में शाखाएं (देखें चित्र 3/12–डी) तथा अंगूठे मूल के निकट समानांतर रेखाएं (चित्र 3/12–ई एफ) देखें। अधिक विवरण तीसरे भाग में शीर्षक के अनुसार देखें।

मणिबंध रेखाएं (देखें चित्र 3/13)

कलाई पर कंगन की तरह रेखाएं मणिबंध रेखाएं कहलाती हैं। भारतीय सामुद्रिक शास्त्र में इन रेखाओं द्वारा आयु एवं स्वास्थ्य के विषय में बताने की व्यवस्था है, किंतु पश्चिमी पामिस्ट इनको अधिक महत्त्व नहीं देते। हम दोनों दृष्टिकोणों का आगे यथा अवसर फल बताएंगे।

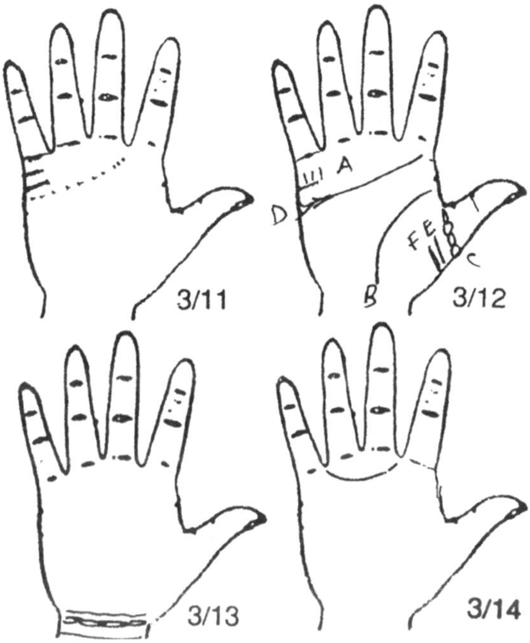

गौण रेखाएं

ये रेखाएं अधिक जनों के हाथों पर नहीं होती हैं, इसलिए इन्हें गौण रेखाएं कहा गया है।

शुक्र मेखला : शनि पर्वत तथा सूर्य पर्वत को घेरने वाली एक अर्द्धगोलाकार रेखा (देखें चित्र 3/14) जिस हाथ पर शुक्र, चंद्र, आक्रामक मंगल विकसित हों और हथेली पर कम रेखाएं हों तो इस रेखा का अर्थ अधिक कामशक्ति है। पतले और अधिक रेखाओं वाले हाथ पर यह रेखा हो तो मानसिक परेशानी बताती है। अधूरी रेखा का फल कम होता है।

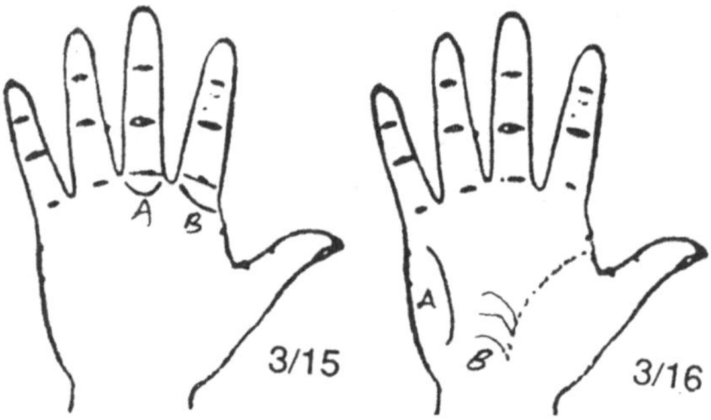

शनि-मुद्रिका : (देखें चित्र 3/15 ए) यह अर्द्धगोलाकार रेखा यदि शनि रेखा को काटे तो उस आयु में धन संबंधी बाधाएं बताती है अन्यथा गुप्त विषयों में रुचि बताती है।

गुरु मुद्रिका तथा गुरु रेखाएं : गुरु मुद्रिका व्यक्ति में विवेक तथा सम्मान की इच्छा बताती है (देखें चित्र 3/15 बी)। मुद्रिका के अतिरिक्त गुरु पर्वत पर अन्य रेखाएं भी होती हैं। उन्हें गुरु रेखाएं कहते हैं। ये रेखाएं व्यक्ति की इच्छाशक्ति में सहायक होती हैं। अनेक दिशाओं से आई गुरु रेखाएं एक-दूसरे को काटें तो गुरु पर्वत पर क्रॉस बनता है। यह क्रॉस भी सफलता का संकेत है।

चंद्र रेखा या अंतर्दृष्टि रेखा : इस रेखा के व्यक्ति अंतर्यामी होते हैं। यह रेखा अर्द्धगोलाकार होती है और चंद्र पर्वत से बुध पर्वत को जाती है (देखें चित्र 3/16 ए)। यदि रेखा के साथ चंद्र पर्वत भी विकसित हो तो फल बढ़ जाता है। अधूरी रेखा या बिना विकसित चंद्र पर्वत के इसका फल घट जाता है। जीवन रेखा से चंद्र पर्वत की ओर जाने वाली गोलाकार प्रभाव रेखाओं को भी चंद्र रेखाएं कहते हैं (देखें चित्र 3/16 बी) किंतु इन रेखाओं का फल कम है।

वाया लासिवा या असंयम रेखा : चंद्र पर्वत और शुक्र पर्वत के मध्य रेखा (देखें चित्र 3/17 ए) तथा बुध रेखा की समानांतर कुठार रेखा (देखें चित्र 3/17 बी) को वाया लासिवा कहते हैं। यदि इनमें से कोई रेखा ठोस भारी हाथ पर हो तो कामशक्ति की अधिकता बताती है। पतले तथा पिलपिले हाथ पर नशे तथा ड्रग्स की प्रवृत्ति बताती है। चंद्र रेखा और वाया लासिवा का अंतर चित्र 3/16 तथा 3/17 में अच्छी तरह समझ लें।

यात्रा रेखाएं : यात्रा का चंद्र पर्वत तथा बुध पर्वत से विशेष संबंध है। सामान्यतः कलाई से निकलकर चंद्र पर्वत पर आने वाली

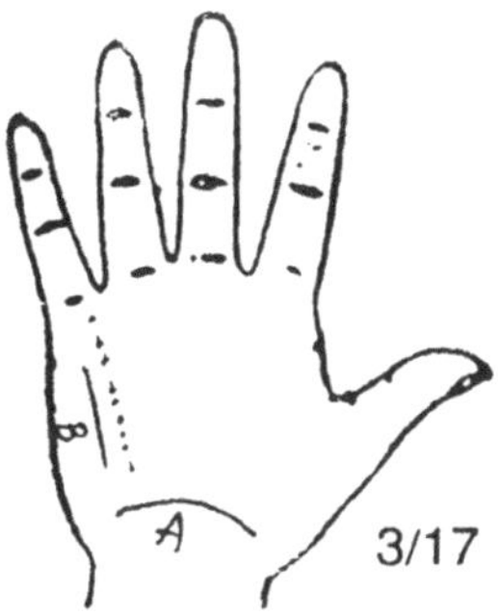

3/17

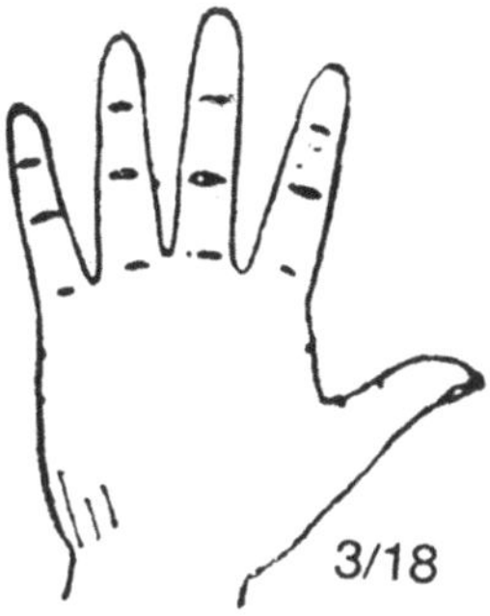

3/18

रेखाओं को यात्रा रेखाएं कहते हैं (देखें चित्र 3/18), किंतु यात्रा का विषय केवल इन पर निर्भर नहीं रह सकता। यात्रा संबंधी प्रश्नों के उत्तर पाने के लिए हस्तलक्षणों पर हम आगे विषयानुसार बताएंगे।

कुठार रेखा और समानांतर रेखा का अंतर : किसी भी मुख्य रेखा से अत्यंत सटी हुई रेखा को कुठार रेखा कहते हैं। यह अच्छी रेखा का शुभ फल घटा देती है। यदि विकृत रेखा के साथ हो तो विकृत रेखा का दोष कम करती है। मुख्य रेखाओं से तनिक फासला छोड़कर चलने वाली रेखा समानांतर रेखा कहलाती है। समानांतर मुख्य रेखा का फल बढ़ा देती है। उदाहरणतः मंगल रेखा जीवन रेखा के अत्यंत निकट हो तो वह जीवन रेखा की कुठार रेखा है, तनिक फासले पर हो तो समानांतर रेखा है। शनि रेखा, जीवन रेखा के अत्यंत निकट हो तो वह निकटता का काल, कुठार रेखा का काल होता है। जब भी दोनों रेखाओं के मध्य फासला बढ़ जाता है तब शनि रेखा का शुभ प्रभाव बढ़ जाता है। सूर्य रेखा, शनि रेखा की समानांतर रेखा है, किंतु शनि रेखा की दाएं-बाएं सटी हुई रेखा शनि रेखा के लिए कुठार होती है।

चिंता रेखाएं अथवा **राहु रेखाएं :** आक्रामक मंगल से रेखाएं निकलकर जीवन रेखा, शनि रेखा, मस्तिष्क रेखा को काटें तो गहरी चिंताएं बताती हैं (देखें चित्र 3/19 ए)। यदि मुख्य रेखा को काटे बिना रुक जाएं तो चिंताएं मामूली होती हैं। कुछ पामिस्ट इन्हें राहु रेखाएं कहते हैं। यदि कोई चिंता रेखा गुरु पर्वत, शनि पर्वत, सूर्य पर्वत या बुध पर्वत तक पहुंच जाए तो वह उस पर्वत का फल बढ़ा देती है, यथा गुरु पर्वत तक पहुंचने वाली राहु रेखा सम्मान बढ़ाती है। शनि पर्वत तक पहुंचे तो धन-संपत्ति, सूर्य पर्वत पर पहुंचने वाली यश तथा बुध पर्वत तक पहुंचने वाली व्यापार या वैज्ञानिक सफलता बताती है।

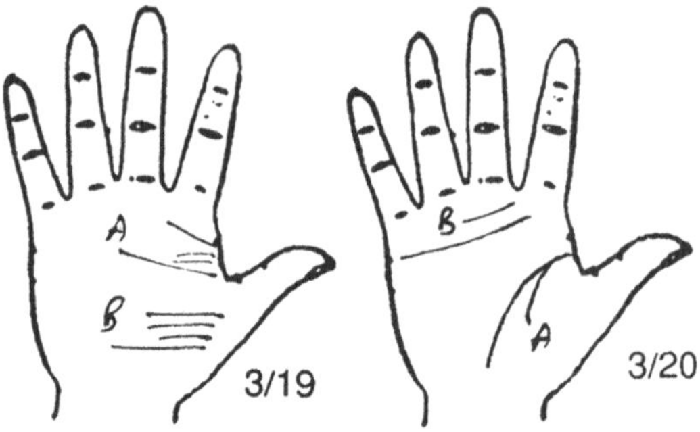

शुक्र पर्वत से जीवन रेखा, शनि रेखा तक बढ़े तो ये चिंता रेखाएं पारिवारिक जनों द्वारा दी गई चिंताएं बताती हैं (देखें चित्र 3/19 बी)। मुख्य रेखाओं को काटने वाली रेखाएं अधिक चिंताएं बताती हैं। चिंता बाधा का समय उस आयु के अनुसार तय करें जब ये शनि रेखा या जीवन रेखा को काटती हैं। यदि किसी व्यक्ति के हाथ में आक्रामक मंगल तथा शुक्र पर्वत पर कोई रेखा न हो तो व्यक्ति का अपने परिवारजनों से विशेष लगाव नहीं होता। वह जीवन संघर्ष में अकेले जूझता है।

एक शुभ समानांतर रेखा : जीवन रेखा से निकलकर मंगल रेखा के मार्ग पर चलने वाली रेखा को कुछ पामिस्ट विशेष भाग्य रेखा कहते हैं (देखें चित्र 3/20 ए)। गुरु पर्वत से निकलकर हृदय रेखा के समानांतर चलने वाली रेखा को भी विशेष भाग्य रेखा कहते हैं (देखें चित्र 3/20 बी) किंतु हम उन्हें शुभ समानांतर रेखा कहते हैं। यह हम पहले कह चुके हैं कि मुख्य रेखा के तनिक फासलों की रेखा मुख्य रेखा का फल बढ़ाती है।

रेखाओं का स्तर

पतली गहरी रेखाएं शुभ होती हैं। चौड़ी गहरी रेखाएं अशुभ होती हैं। छिछली रेखा की शक्ति कम होती है। गहरी रेखा और छिछली रेखा का अंतर समझने के लिए रेखा पर खिंचाव पैदा करें। खिंचाव से जो रेखा लुप्त हो जाए, वह छिछली है, जो स्पष्ट दिखाई दे, वह गहरी है। प्रभाव रेखाओं का छिछली होना अच्छा होता है। किसी हाथ पर मुख्य रेखाएं चौड़ी और अधिक गहरी हों तो भाग्य सामान्य होता है। यदि कहीं मोटी, कहीं पतली हो तो रेखा के पतले होने के समय से भाग्योदय होता है। मोटी रेखा का रुकना भी भाग्योदय का समय होता है।

हाथ देखते समय ध्यान रखें कि यदि कोई रेखा अपने स्थान पर पहुंचने से पहले रुके तो उसे दुर्भाग्य मत मानें बल्कि देखें कि जो रेखा मार्ग में रुकी है वह पतली गहरी है या मोटी गहरी है। यदि मोटी गहरी रुकी हो तो रुके स्थान के उपरांत बाधाएं दूर होती हैं। यदि पतली गहरी रुकी हो तो आय के नये साधन नहीं बनते, किंतु पुराने साधनों से लाभ होता रहता है। टूटी-फूटी रेखाएं, प्रभाव रेखा से कटी रेखाएं उतार-चढ़ाव और हानि-लाभ बताती हैं।

यह ध्यान रहे कि प्रभाव रेखाओं द्वारा किसी मुख्य रेखा को काटा जाना ही रेखा का काटा जाना समझा जाता है। मुख्य रेखाएं या गौण रेखाएं अपने पथ पर आगे बढ़ती हैं, तो उनके मार्ग में आने वाली मुख्य रेखा को काटना क्रॉस नहीं माना जाता।

रेखाओं के विषय में अन्य तथ्य

हाथ पर केवल पहली कोटि की मुख्य रेखाएं, यथा जीवन रेखा, मस्तिष्क रेखा और हृदय रेखा हो तो व्यक्ति का जीवन सामान्य होता है। जिस धनी या निर्धन परिवार में व्यक्ति उत्पन्न होता है, उसी पर सामान्य गति से वह यात्रा करता रहता है। उसके जीवन में उतार-चढ़ाव नहीं रहता। ऐसे व्यक्ति विशेष महत्त्वाकांक्षी नहीं होते, न ही उनकी कलाओं में रुचि होती है।

मुख्य रेखाएं पतली गहरी हों तो व्यक्ति सफल होता है। हाथ पर दूसरे वर्ग की मुख्य रेखाएं भी हों तो व्यक्ति के जीवन में महत्त्वाकांक्षा होती है। महत्त्वाकांक्षी व्यक्ति के जीवन में संघर्ष होता है। वह जिस परिवार में जन्म लेता है, उससे आगे निकलने का यत्न करता है।

यदि हाथ पर दोनों वर्ग की मुख्य रेखाओं के अतिरिक्त बहुत-सी प्रभाव रेखाएं हों तो इसका अर्थ होता है कि व्यक्ति का मन-मस्तिष्क अनेक दिशाओं में कार्य करता है। सक्रिय हाथ की रेखाएं शुभ हों तो वे आगे निकलने में सफल होते हैं। यदि सक्रिय हाथ से निष्क्रिय हाथ की रेखाएं शुभ हों तो गलत निर्णय के कारण वे अपना भाग्य बिगाड़ते हैं।

इस पुस्तक में हम आगे दूषित रेखा, शुभ रेखा, अधोमुखी रेखा, ऊर्ध्वमुखी रेखा आदि शब्दों का प्रयोग करेंगे। उनकी परिभाषा अभी समझ लें।

दूषित रेखा का अर्थ है कि अधूरी रेखा, लहरदार रेखा, टुकड़ों से बनी रेखा, रेखा पर प्रभाव रेखा द्वारा क्रॉस, मोटी रेखा, धुंधली रेखा।

शुभ रेखा का अर्थ पतली गहरी रेखा, ऊर्ध्वमुखी शाखायुक्त रेखा।

ऊर्ध्वमुखी रेखा का अर्थ है कलाई से उंगलियों की ओर जाने वाली रेखा जैसे शनि रेखा। अधोमुखी का अर्थ है उंगलियों से कलाई की ओर जाने वाली, जैसे जीवन रेखा। आड़ी रेखा का अर्थ है हथेली या हाथ की चौड़ाई के एक किनारे से दूसरे किनारे तक जाने वाली रेखा, जैसे मस्तिष्क रेखा। गोलाकार रेखा का अर्थ है तनिक-सी गोलाई लिए हुए रेखा, जैसे जीवन रेखा, मंगल रेखा, अंतर्दृष्टि रेखा या लासिवा।

यदि रेखा का कोई अंश दबा हुआ हो या उसमें गड्ढा हो तो, रेखा के इस अंश को दूषित मानें। जिस पर्वत पर गड्ढा हो, वह पर्वत कुछ सीमा तक दूषित होता है।

हस्तरेखाओं से घटनाओं का काल जानना

लगभग सभी प्रमुख हस्तशास्त्री इस बात पर सहमत हैं कि हस्तरेखाओं द्वारा किसी घटना या दुर्घटना का अनुमानित समय बताया जा सकता है, निश्चित समय नहीं बताया जा सकता।

घटनाओं का समय जानने की किसी एक विधि से सभी पामिस्ट एकमत नहीं हैं, किंतु हमने **सप्तवर्षीय** नियम को काफी समय तक ठीक पाया है। इन नियमों के मुख्य सूत्र यहां बता रहे हैं।

जीवन रेखा और शनि रेखा को **सप्तवर्षीय** नियम के अनुसार बांटते हैं। मस्तिष्क रेखा और हृदय रेखा पर हम आयु संबंधी निशान नहीं लगाते, बल्कि छोटी मस्तिष्क रेखा का अर्थ मस्तिष्क का कम विकास और छोटी हृदय रेखा का अर्थ कम भावुकता मानते हैं। बुध रेखा और सूर्य रेखा पर शनि रेखा के आयु संबंधी नियम लागू करते हैं। मंगल रेखा, जीवन रेखा की समानांतर रेखा है। उसमें वे जीवन रेखा का आयु संबंधी नियम लागू करते हैं।

पहले जीवन रेखा को लेते हैं

इस रेखा का आरंभ गुरु पर्वत के नीचे है (देखें चित्र 5/1 जीरो) और समापन कलाई के निकट है (देखें चित्र 5/1-98)। अतः बचपन के वर्षों का हाल आरंभ स्थान से देखें। रेखा के मध्य भाग से यौवन का और कलाई के निकट बुढ़ापे का हाल देखें।

जीवन रेखा पर उम्र संबंधी निशान लगाने की सरल विधि यह है कि शुक्र पर्वत के केंद्र से एक तिरछी रेखा छोटी उंगली कनिष्ठिका

की जड़ के बाहरी भाग तक लगाएं। यह रेखा जिस स्थान पर जीवन रेखा को काटती है, वह 35 वर्ष का समय है।

एक दूसरी आड़ी रेखा शुक्र पर्वत के केंद्र से हथेली के दूसरे किनारे पर सीधी लगाई जाती है। यह रेखा जीवन रेखा को जिस भाग पर काटती है, वह 49 वर्ष का समय है। एक तीसरी रेखा शुक्र पर्वत केंद्र से कलाई की ऊपरी रेखा के किनारे तक लगाई जाती है। यह रेखा जिस स्थान पर जीवन रेखा को काटती है, वह 63 वर्ष की उम्र है।

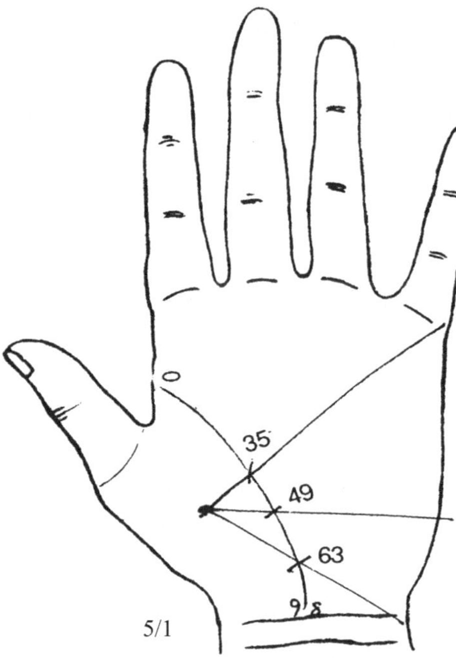

5/1

चित्र 5/1 में जीवन रेखा के अंतिम भाग पर 98 वर्ष लिखा गया है। आरंभिक भाग पर जीरो लिखा है। जीरो से 98 वर्ष के मध्य के जीवन रेखा के तीनों निश्चित समय (35-49-63) जान लेने के उपरांत आपके लिए सरल है कि आप अन्य स्थानों पर अपने विवेक से वर्षों के निशान लगाएं और रेखा की दशा के अनुसार व्यक्ति का अच्छा-बुरा समय जानें।

उन्नति, लाभ और कैरियर जानने का समय और नियम

चित्र 5/2 में आप एक खड़ी रेखा देख रहे हैं। यह शनि रेखा है। इस रेखा पर आयु के अनुसार निशान लगाने की विधि बता रहे हैं।

इस रेखा का आरंभ कलाई से है (देखें चित्र 5/2 जीरो) तथा समापन स्थल मध्यमा उंगली का आधार है (देखें चित्र 5/2-91) । अतः इस रेखा पर बचपन की घटनाएं कलाई के निकट से देखी जाती हैं। यौवन की मध्य भाग पर और बुढ़ापे की शनि पर्वत पर।

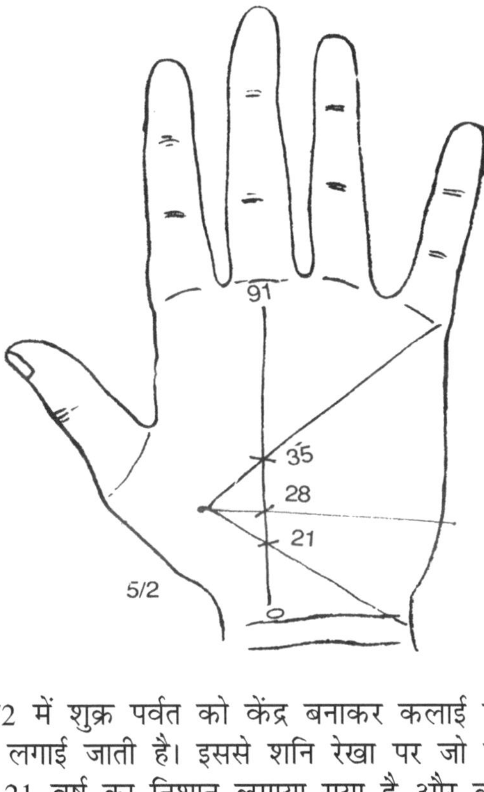

5/2

चित्र 5/2 में शुक्र पर्वत को केंद्र बनाकर कलाई की ओर एक तिरछी रेखा लगाई जाती है। इससे शनि रेखा पर जो जंक्शन बनता है, उस पर 21 वर्ष का निशान लगाया गया है और कनिष्ठिका के आधार के एक किनारे से शुक्र के केंद्र तक एक तिरछी रेखा लगाने से शनि रेखा पर 35 वर्ष का निशान लगाया गया है। शुक्र पर्वत के केंद्र से एक आड़ी रेखा हथेली के दूसरे किनारे तक लगाई गई है। यह जंक्शन शनि रेखा पर 28 वर्ष की उम्र बताता है।

0, 21, 28, 35, 91 के इन निशानों के मध्य आप अपने विवेक के अनुसार वर्षों के निशान लगाएं। इन निशानों के अनुसार शनि रेखा की स्थिति देखकर आप धन-संपत्ति की दृष्टि से अच्छा और बुरा समय जान सकते हैं।

कुछ पामिस्ट मस्तिष्क रेखा पर 35 वर्ष तथा हृदय रेखा पर 50 वर्ष का निशान लगाते हैं। ये दोनों रेखाएं हर हाथ पर एक से स्थान पर नहीं होतीं, इसलिए काम चलाने के तौर पर उस नियम से काम चला लें, किंतु अच्छा उपाय वही है जो हमने इस अध्याय में बताया है।

धन, संपत्ति, व्यापार, रोजगार संबंधी प्रश्नों के उत्तर

धन, संपत्ति, कर्ज, व्यापार, नौकरी रोजगार, वसीयत अचानक धन प्राप्त होने से संबंधित प्रश्नों के उत्तर पाने के लिए सर्वप्रथम शनि रेखा को देखें। तत्पश्चात सूर्य रेखा, मस्तिष्क रेखा, जीवन रेखा, बुध रेखा तथा अंगूठे के मध्य की विभाजक रेखा देखें। उनसे स्पष्ट उत्तर न मिले तो हथेली, पर्वत तथा उंगलियों के लक्षण देखें।

यह हमने पहले कहा है कि किसी एक लक्षण के आधार पर भविष्यवाणी न करें। एक लक्षण संभावना बताता है, किंतु उसका अनुमोदन अन्य तीन-चार लक्षणों से प्राप्त होने के उपरांत भूत या भविष्य के विषय में कहें, कम लक्षण मिलने पर मात्र संभावना कहें।

हम हर बार अपने शिक्षार्थियों को कहते हैं कि अनिष्ट कथन से बचें। कहना आवश्यक हो तो उसके उपचार या निवारण का उपाय साथ ही बताएं ताकि प्रश्नकर्त्ता मन पर भार रखकर न जाए। इस पुस्तक के अंतिम भाग में हम हर प्रकार के स्वभाव और आस्था के अनुसार उपाय बता रहे हैं।

धन, संपत्ति, रोजगार के लिए शुभ लक्षण

शनि रेखा (देखें चित्र 6/1-ए) से तनिक फासले पर समानांतर रेखा आय के दो साधन बताती है (देखें चित्र 6/1-ए, बी)। अत्यंत निकट की समानांतर रेखा को कुठार रेखा कहते हैं (देखें चित्र 6/1-सी)। वह संघर्ष का समय बताती है।

चंद्र पर्वत से शनि रेखा निकलकर शनि पर्वत को जाए तो धन-प्राप्ति का साधन नैतिक होता है (देखें चित्र 6/2) किंतु इस

रेखा का वास्तविक लाभ तब प्राप्त होता है, जब रेखा शनि के क्षेत्र में प्रवेश करती है (देखें चित्र 6/2-ए)। यह हमने पहले कहा है कि मध्यमा उंगली की मोटाई से कलाई तक का लंबा क्षेत्र शनि का है और इस रेखा के समानांतर तनिक फासले पर सूर्य रेखा हो तो उस आयु में निश्चित लाभ होता है।

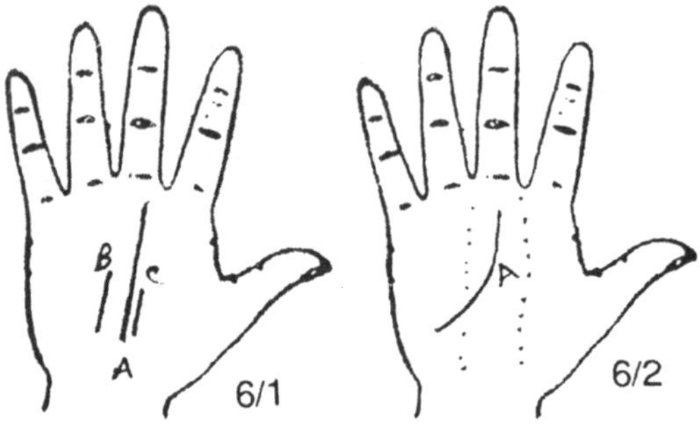

6/1 6/2

एक से अधिक शनि रेखाएं आय के अनेक साधन बताती हैं। भारी हाथ, निर्दोष और गोलाकार जीवन रेखा भी हो तो लाभ निश्चित हो जाता है।

टूटी शनि रेखा वर्ग द्वारा ढकी हुई हो तो दोष का निवारण हो जाता है। (देखें चित्र 6/3-ए), अर्थात हानि से बचाव हो जाता है। निर्दोष शनि रेखा का जो भाग वर्ग से ढका होता है (देखें चित्र 6/3-बी) उस आयु में संपत्ति का लाभ होता है।

पतली शनि रेखा का व्यक्ति सरल प्रवृत्ति का होता है, दायित्व समझता है। व्यापार, साख (गुडविल), उसके वादे या कथन पर भरोसा किया जा सकता है। कनिष्ठिका लंबी हो तो स्वार्थ की मात्रा बढ़ जाती है।

शनि रेखा आरंभ में मोटी हो, बाद में पतली हो तो पतली होने का समय सौभाग्य के उदय का होता है। मोटी शनि रेखा के समाप्त होने का समय दुर्भाग्य का अंत करता है। यदि रेखा आरंभ से पतली हो तो सौभाग्य बढ़ता रहता है। साथ ही समानांतर रेखा हो तो उसका निश्चित फल होता है।

हाथ में सूर्य रेखा हो और हृदय रेखा में त्रिकोण हो तो सूर्य रेखा के आरंभ काल में संपत्ति का निर्माण होता है (देखें चित्र 6/4)।

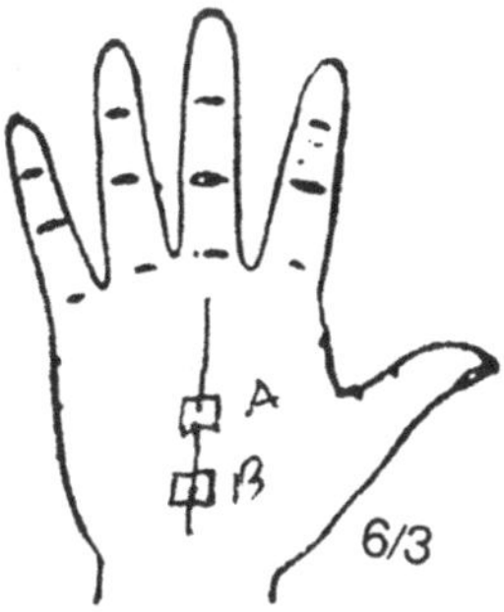

6/3

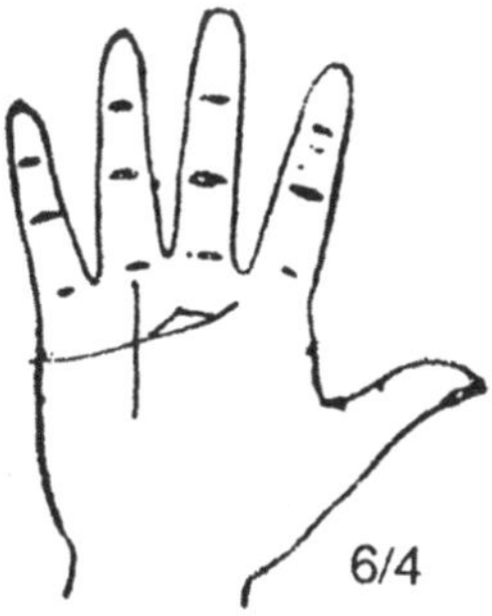
6/4

सूर्य रेखा हथेली के मध्य में से निकले तथा शनि रेखा आरंभ से हो तो सूर्य रेखा के उदय काल से धन-संपत्ति बनती है। यदि शनि रेखा न हो तो अकेली सूर्य रेखा, यश, परीक्षा आदि अन्य प्रयत्नों की सफलता बताती है।

जीवन रेखा की शाखा/शाखाएं, गुरु पर्वत को जाएं (देखें चित्र 6/5) तो व्यक्ति सौभाग्यशाली होता है। सौभाग्य का समय सूर्य रेखा से ज्ञात करें।

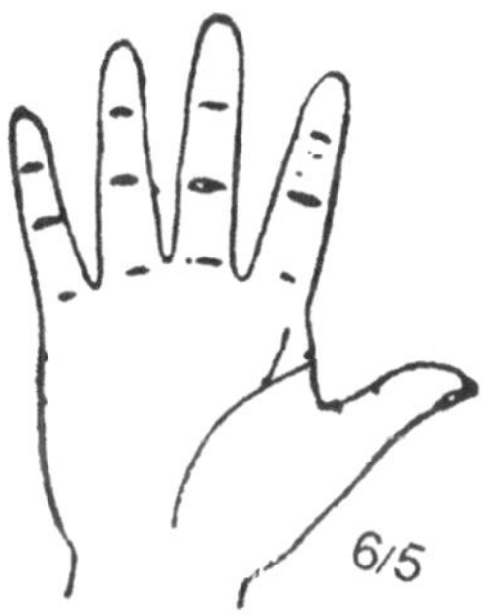
6/5

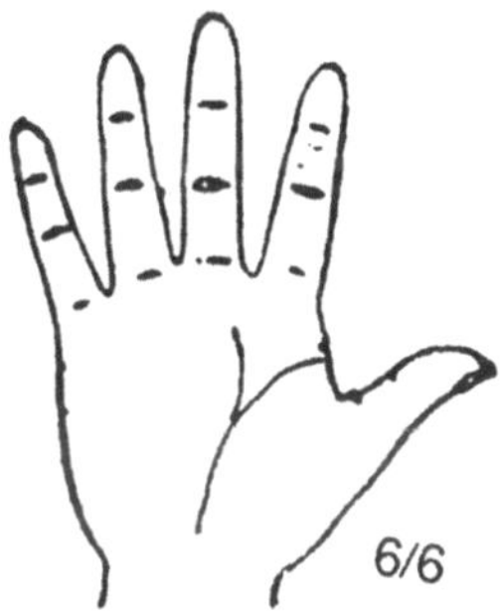
6/6

जीवन रेखा की शाखा/शाखाएं शनि पर्वत को जाएं (देखें चित्र 6/6) तो उस आयु में धन/संपत्ति/रोजगार में वृद्धि।

जीवन रेखा की शाखा/शाखाएं सूर्य पर्वत को जाएं (देखें चित्र 6/7) तो यश में वृद्धि। सूर्य और शनि दोनों पर्वतों को जाएं तो धन और यश दोनों की वृद्धि। आयु शनि की ओर जाने वाली रेखा के अनुसार निश्चित करें।

गोलाकार जीवन रेखा (पुनः देखें चित्र 6/5, 6/7) धन आदि सभी दृष्टियों से सीधी जीवन रेखा (देखें चित्र 6/8) की तुलना में अच्छी होती है।

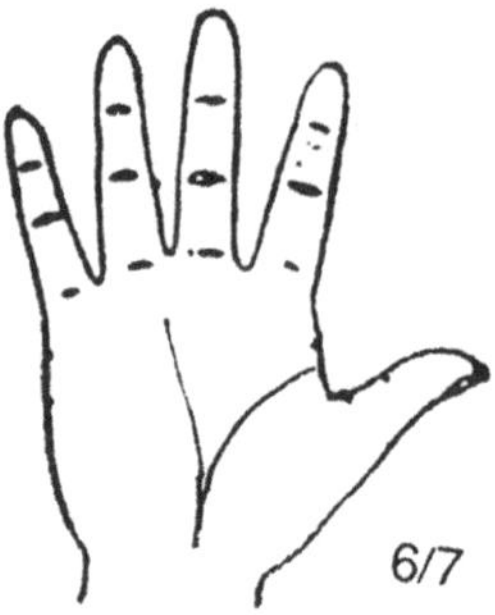

6/7

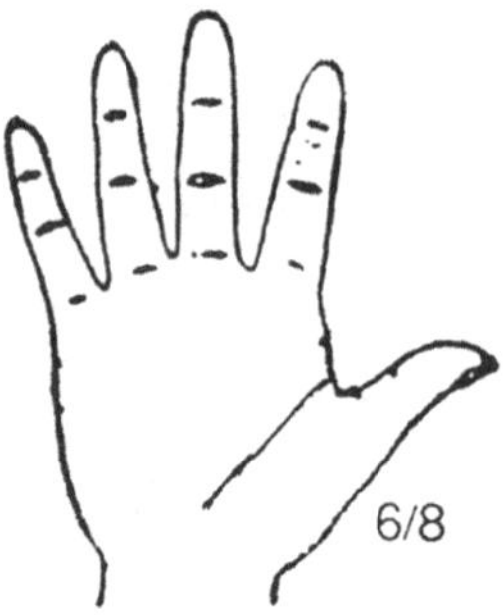

6/8

मोटी जीवन रेखा का समय कष्ट का होता है। मोटी से पतली होने का समय शुभ परिवर्तन का होता है।

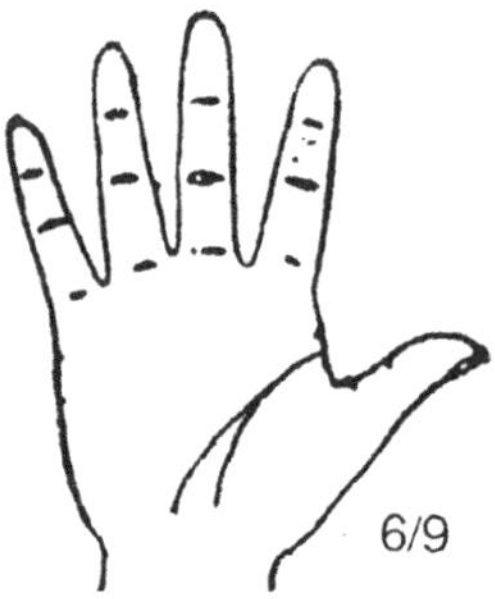

6/9

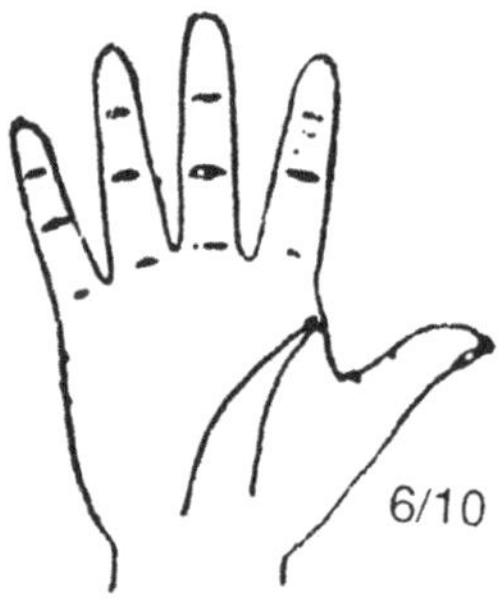

6/10

जीवन रेखा के मध्य भाग से (देखें चित्र 6/9) शाखा चंद्र पर्वत को जाए तो विदेश यात्रा का योग होता है। समय सूर्य रेखा या शनि रेखा की शुभता से ज्ञात करें।

जीवन रेखा आरंभ में दो भागों में बंटे (देखें चित्र 6/10) तो जीवन का आरंभिक काल कष्टमय होता है, बाद में भाग्योदय होता है।

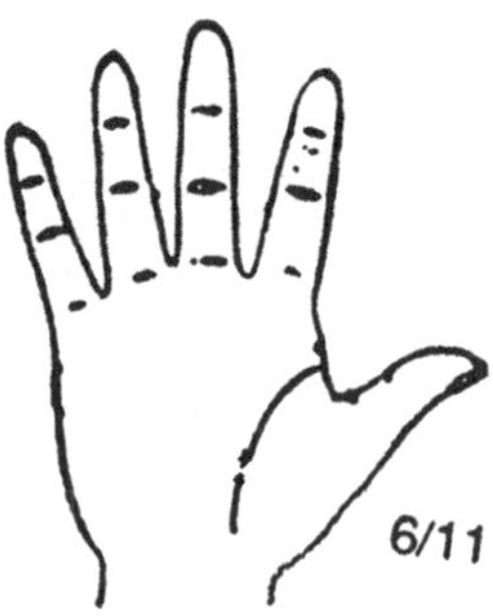

6/11

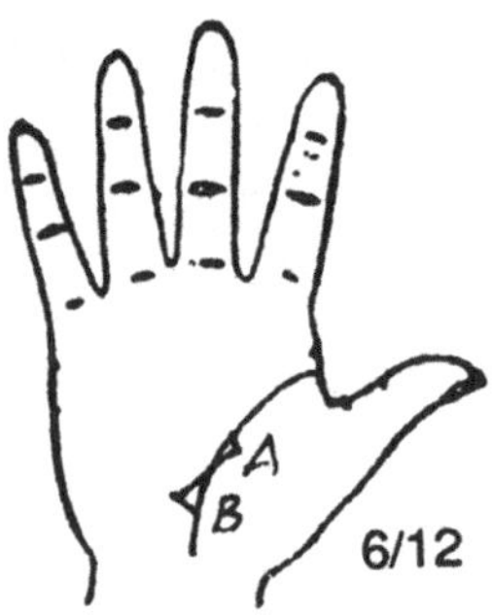

6/12

जीवन रेखा के टूटने का समय रोजगार–परिवर्तन या निवास–परिवर्तन बताता है (देखें चित्र 6/11)।

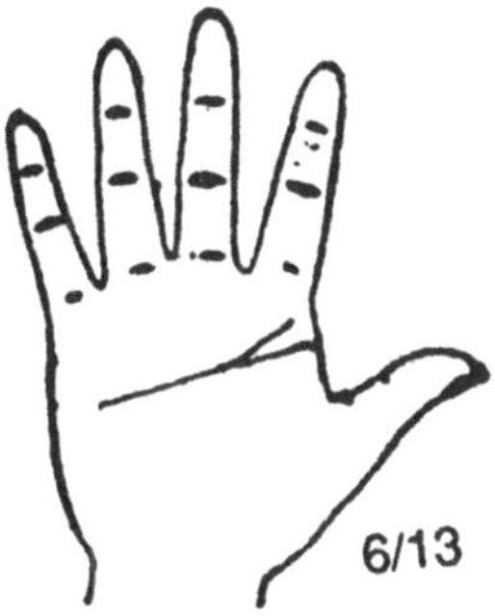

6/13

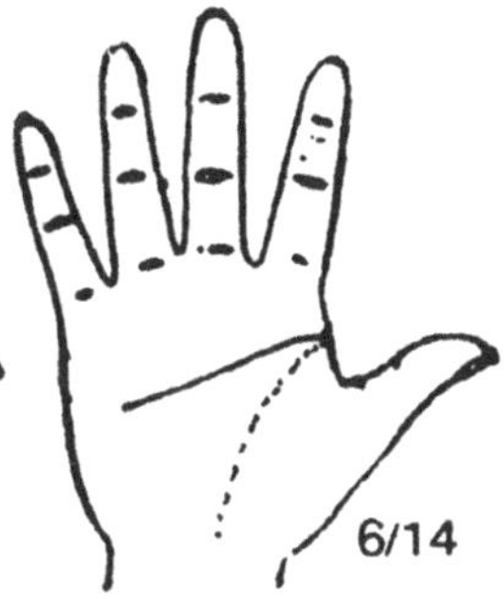

6/14

जीवन रेखा पर त्रिकोण (देखें चित्र 6/12–ए, बी) संपत्ति–निर्माण का समय है।

मस्तिष्क रेखा आरंभ में दो शाखायुक्त हो, एक शाखा गुरु पर्वत को जाए (देखें चित्र 6/13) तो आरंभ से भाग्यशाली।

मस्तिष्क रेखा अपने उदय स्थान से जीवन रेखा को तनिक–सी छूकर सीधी हथेली के दूसरे किनारे पर रक्षात्मक मंगल तक पहुंचे (देखें चित्र 6/14) तो धन, व्यापार, रोजगार के लिए अच्छी है।

मस्तिष्क रेखा, रक्षात्मक मंगल की बजाय बुध की ओर उठे (देखें चित्र 6/15) तो धन अच्छा मिलता है, किंतु व्यक्ति धन–प्राप्ति के लिए नैतिक नियमों की परवाह नहीं करता।

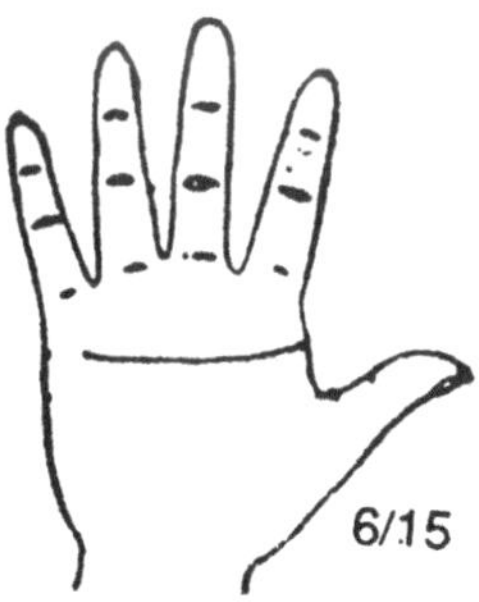

6/15

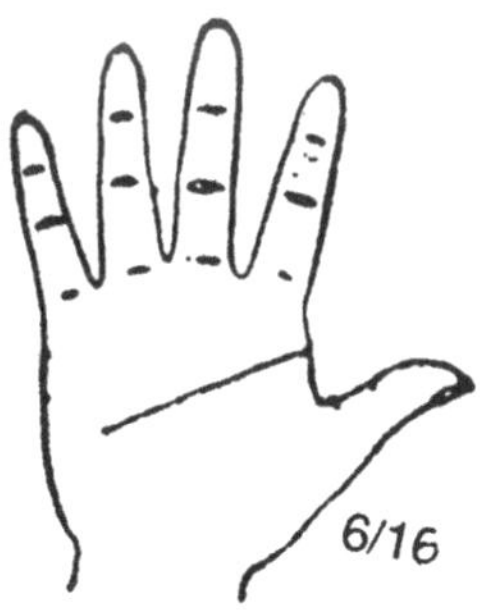

6/16

मस्तिष्क रेखा तनिक–सी झुकती हुई रक्षात्मक मंगल और चंद्र पर्वत के मध्य पर जाए (देखें चित्र 6/16) तो धन–प्राप्ति के साधन में नैतिकता का पालन करते हैं।

मस्तिष्क रेखा दुहरी हो तो धन की दृष्टि से अच्छी होती है (देखें चित्र 6/17)। यदि दोनों मस्तिष्क रेखाओं के सिरे मिलकर बड़े द्वीप का रूप धारण कर लें (देखें चित्र 6/18) तो संघर्षों के बाद धन प्राप्त होता है।

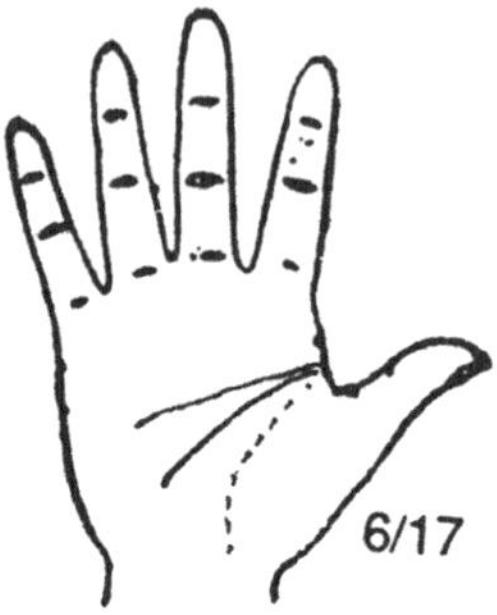

6/17

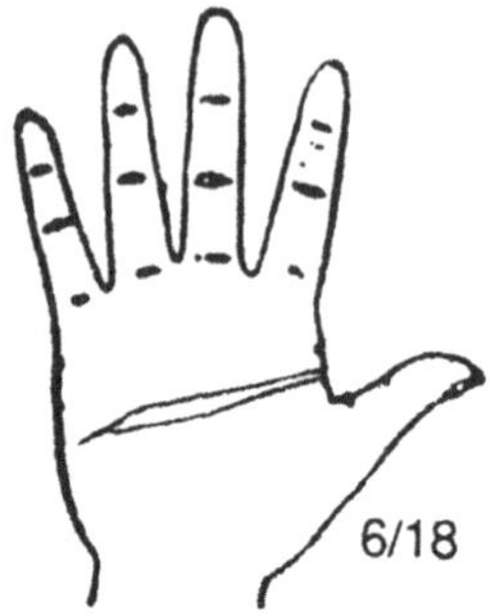

6/18

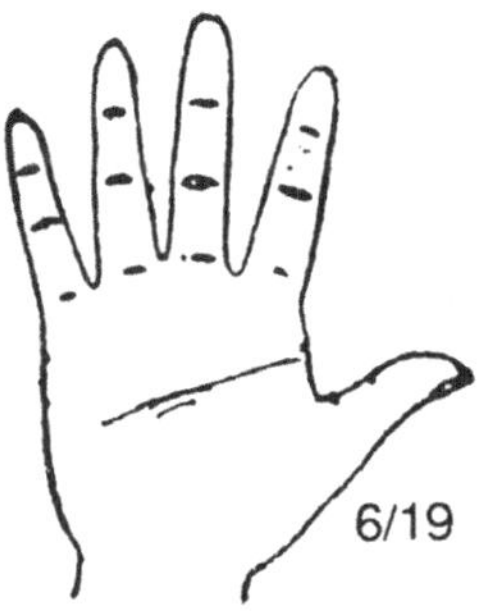

6/19

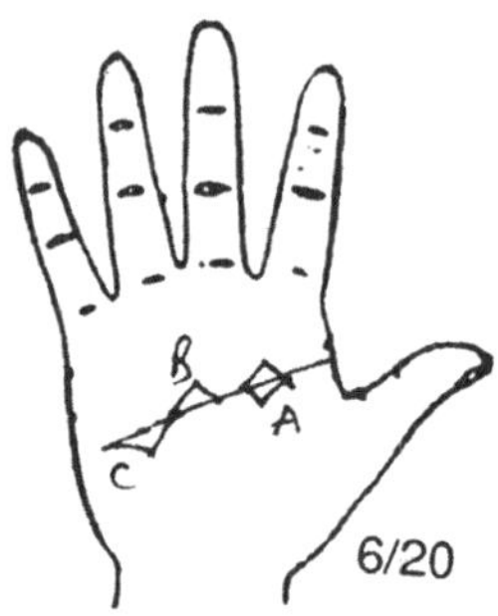

6/20

मस्तिष्क रेखा के किसी अंश के साथ समानांतर रेखा चले (देखें चित्र 6/19) तो कुछ काल के लिए व्यक्ति दो कार्य करता है, बाद में वह दुविधा से निकलकर एक कार्य द्वारा लाभ प्राप्त करता है। समय जानने के लिए शनि रेखा पर दृष्टि डालें।

मस्तिष्क रेखा पर एक साथ ऊपर/नीचे दो त्रिकोण हों तो वे वर्ग का कार्य करते हैं, यानि हानि से बचाते हैं (देखें चित्र 6/20-ए)। यदि मस्तिष्क रेखा पर अलग-अलग स्थानों पर ऊपर-नीचे अलग. -अलग त्रिकोण हों (देखें चित्र 6/20-बी, सी) तो लाभ तथा उन्नति या संपत्ति-निर्माण का समय बताते हैं। समय जानने के लिए शनि रेखा देखें।

मस्तिष्क रेखा से शनि रेखा निकले (देखें चित्र 6/21) तो अपनी योग्यता से धन-प्राप्ति। यदि मस्तिष्क रेखा से सूर्य रेखा (देखें चित्र

6/22) निकले तो उस आयु में विशेष सम्मान प्राप्त होता है। यदि सूर्य और शनि दोनों रेखाएं निकलें तो धन और यश दोनों की प्राप्ति होती है।

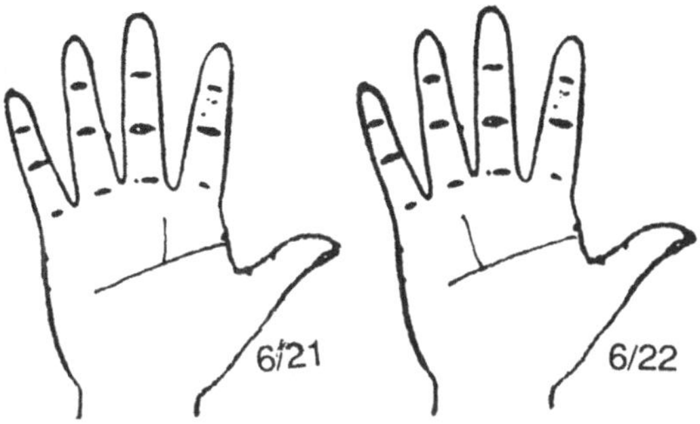

लंबी मस्तिष्क रेखा के साथ अंगूठा लंबा हो तो धन के साथ पद भी मिले। समय शनि रेखा से जानें।

मस्तिष्क रेखा का आरंभ गुरु पर्वत से हो (देखें चित्र 6/23) तो धन-लाभ में विलंब होता है, किंतु साख (इज्जत) सदा बनी रहती है।

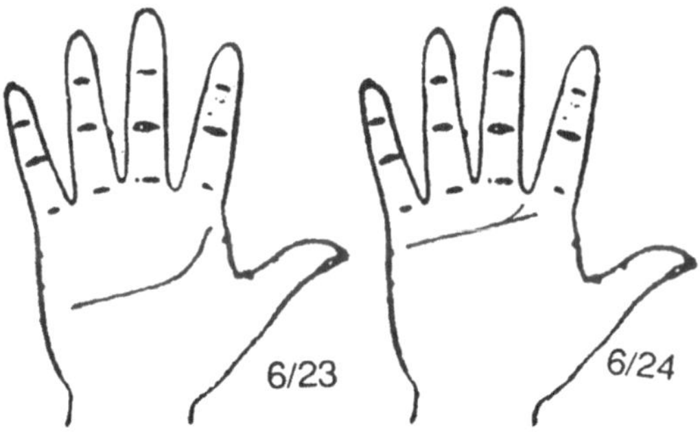

हृदय रेखा आरंभ में दो शाखायुक्त हो तो उन्नति के साधन आरंभ से मिलते हैं (देखें चित्र 6/24)। यदि आरंभ में तीन शाखायुक्त हों तो धन और उन्नति के साथ सम्मान भी बढ़ता रहता है। हृदय रेखा का आरंभ गुरु पर्वत की ओर से तथा समापन बुध और रक्षात्मक मंगल के मध्य जानें।

हृदय रेखा से छोटी-छोटी शाखाएं बुध पर्वत को जाएं (देखें चित्र 6/25) तो व्यापारिक बुद्धि द्वारा धन की प्राप्ति में वृद्धि होती है।

हृदय रेखा पर त्रिकोण व्यक्ति को आर्थिक रूप से स्वावलंबी

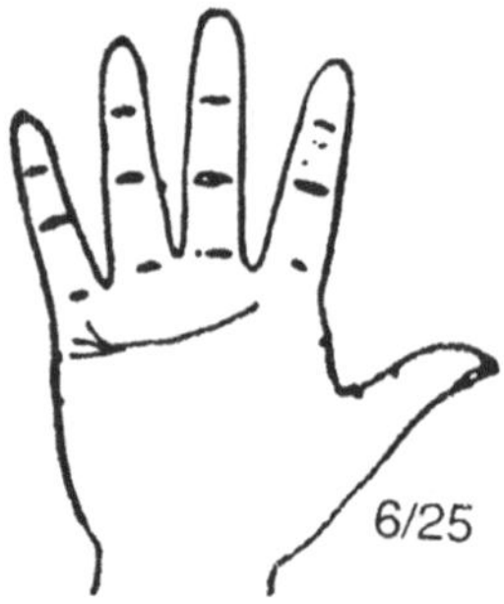

6/25

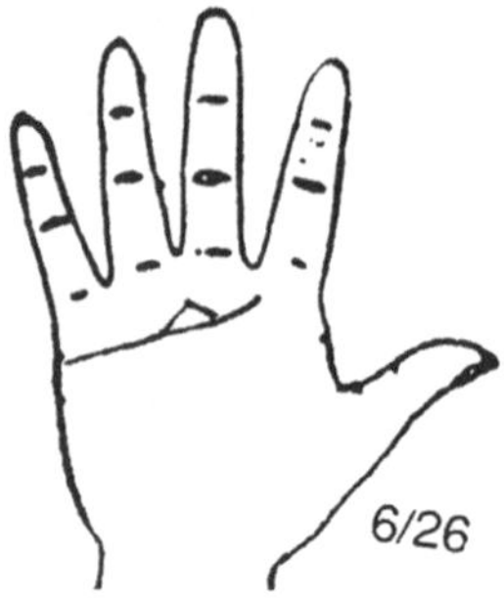

6/26

बनाता है। छोटे-छोटे अनेक त्रिकोण धन, संपत्ति बताते हैं। हृदय रेखा के ऊपर के त्रिकोण (देखें चित्र 6/26) अधिक लाभकर है। नीचे यानी मस्तिष्क रेखा की ओर के कम लाभकर है। समय शनि रेखा से जानें। यदि शनि रेखा और जीवन रेखा दूषित हों तो उन त्रिकोणों का लाभ संघर्ष के उपरांत प्रौढ़ावस्था में होता है।

हृदय रेखा की उंगलियों की ओर जाने वाली शाखा इच्छापूर्ति में सहायक होती है।

तीन स्पष्ट मणिबंध रेखाएं हों (देखें चित्र 6/27) तो धन-संपत्ति अवश्य प्राप्त होती है।

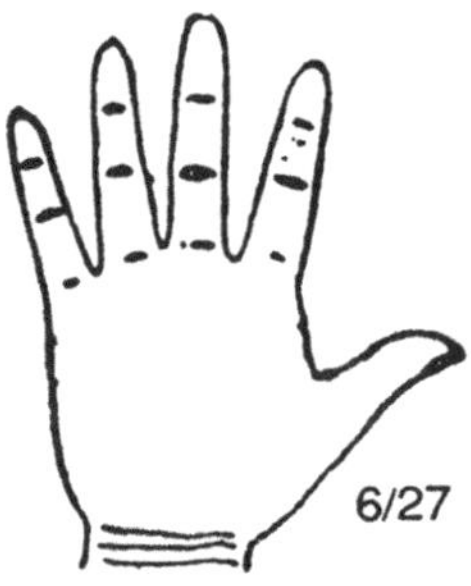

6/27

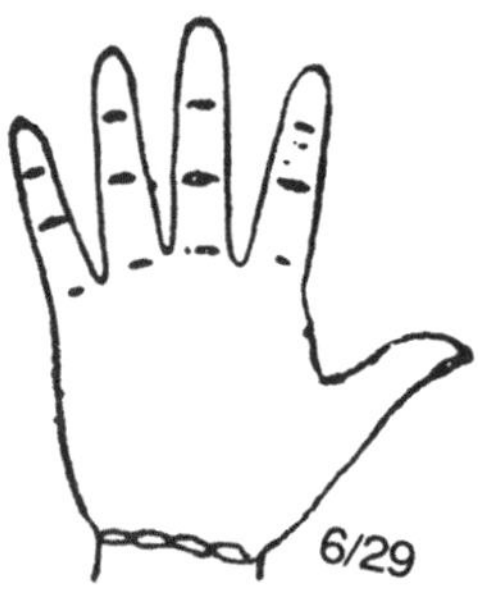

6/29

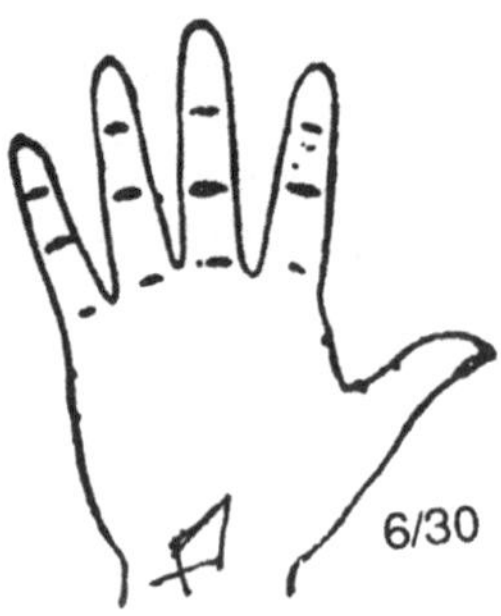

6/30

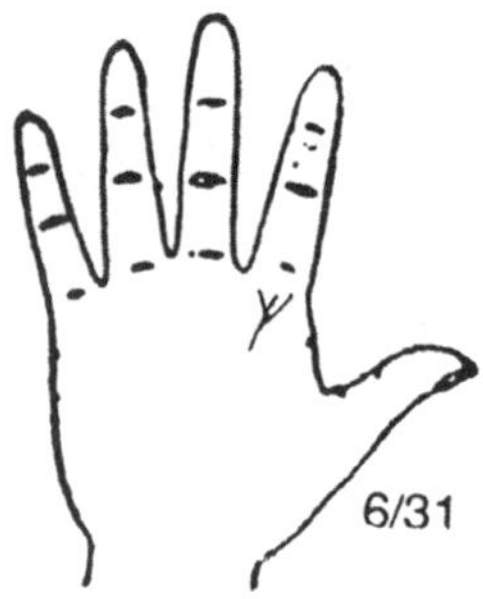

6/31

प्रथम मणिबंध रेखा जंजीराकार हो तो यौवन के संघर्ष का लाभ अधेड़ावस्था में होता है।

यदि प्रथम मणिबंध यवमाला युक्त (बड़े द्वीपों से) बना हो (देखें चित्र 6/29) तो अथाह धन-संपत्ति मिलती है। एक से अधिक मणिबंध यवमाला युक्त हों तो धन-संपत्ति, सम्मान, पद सभी इच्छाएं पूर्ण होती हैं।

हथेली पर मछली का चिह्न हो तो कभी हाथ तंग नहीं रहता। यदि मछली की दुम मणिबंध की ओर तथा मुख उंगलियों की ओर हो तो (देखें चित्र 6/30) धन और विद्या की दृष्टि से ज्यादा अच्छी है।

कुछ हाथों में रेखाएं कम होती है अथवा रेखाओं से कुछ स्पष्ट नहीं होता, वहां हाथ के अन्य लक्षणों से सफलता के संकेत देखें।

भारी हाथ पर पतले हाथ की अपेक्षा रेखाएं शुभ फल देती हैं। गुदगुदा हाथ हो तो शारीरिक श्रम की अपेक्षा मानसिक श्रम से लाभ होता है।

चौड़ी हथेली हो, उंगलियां सम स्थिति में हों, उंगलियों के आधार के पर्वत विकसित हों तो सौभाग्यवर्द्धक है। सभी पर्वतों के विकसित रूप को ही भारी हाथ कहते हैं।

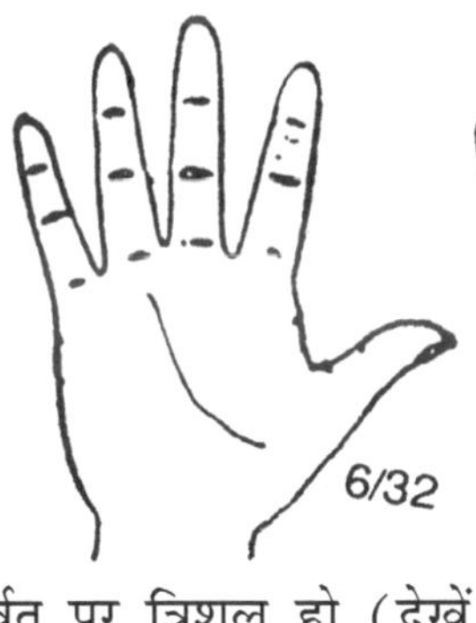
6/32

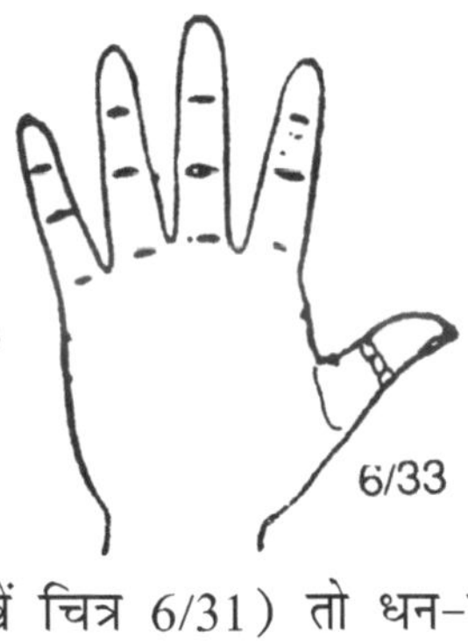
6/33

गुरु पर्वत पर त्रिशूल हो (देखें चित्र 6/31) तो धन-संपत्ति एवं वाहन का सुख मिलता है।

शुक्र पर्वत से सूर्य पर्वत को जाने वाली प्रभाव रेखा (देखें चित्र 6/32) धन, यश और संपत्ति बताती है।

हृदय रेखा यदि गुरु पर्वत से आरंभ हो और आरंभ में तीन शाख. ायुक्त हो तो भी धन-संपत्ति तथा सुख होता है।

शनि पर्वत पर चतुष्कोण हो तो धन-संबंधी संकट अंततः समाप्त होंगे और धन प्राप्ति होगी।

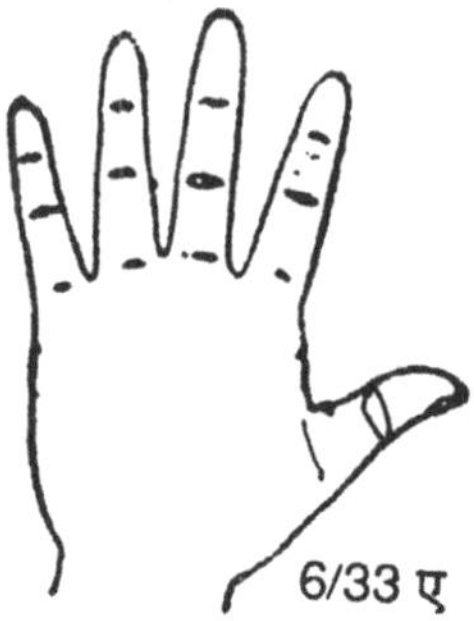

6/33 ए

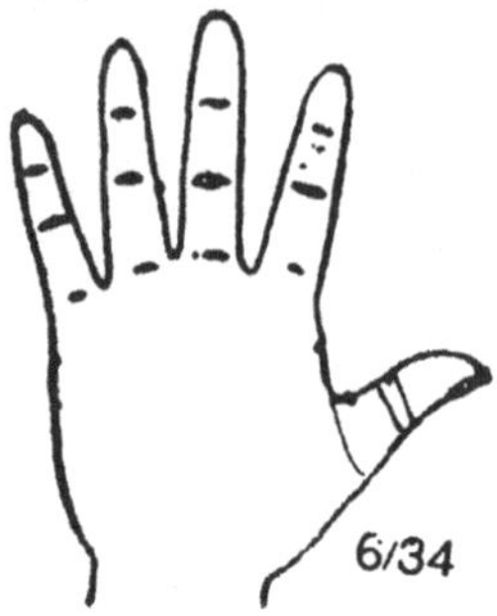

6/34

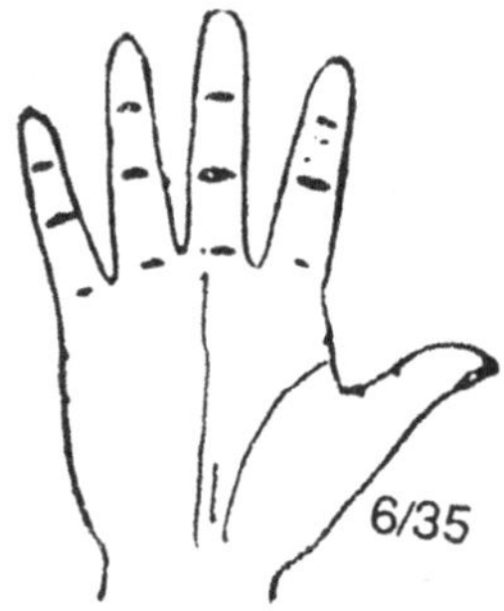

6/35

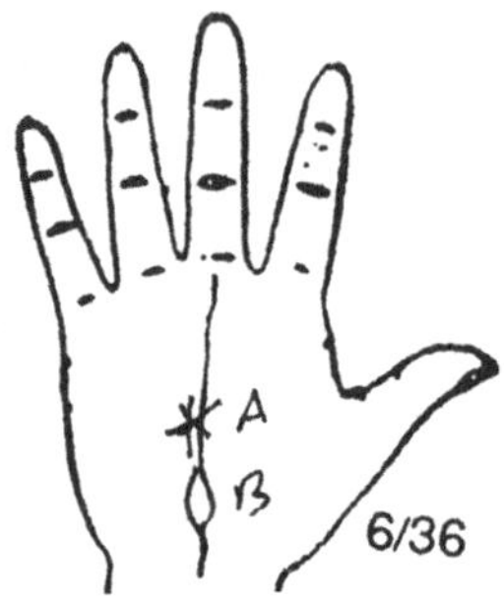

6/36

अंगूठे के मध्य की गांठ के जोड़ पर यवमाला हो (देखें चित्र 6/33) तो धन-संपत्ति बनी रहती है। यदि द्वीपमाला के स्थान पर एक बड़ा द्वीप हो (देखें चित्र 6/33-ए) तो अधिक धन-संपत्ति, अगर द्वीप कटा हुआ हो तो 50 वर्ष के उपरांत धन-लाभ। यदि यवमाला के स्थान पर एक स्पष्ट रेखा हो तो सुख-संपत्ति। यदि एक की बजाय दो स्पष्ट रेखाएं हों (देखें चित्र 6/34) तो हाथ कभी तंग नहीं रहता।

कनिष्ठिका लंबी हो, उसका दूसरा पोर बड़ा हो तो धन-व्यापार। अति लंबी कनिष्ठिका का व्यक्ति आदर्श के फेर में अपने धन की हानि नहीं होने देता। इससे व्यक्ति धनलोलुप बन जाता है।

संघर्ष तथा बाधाओं के उपरांत सफलता के लक्षण

शनि रेखा और जीवन रेखा के मध्य कुठार रेखा हो (देखें चित्र 6/35) तो कुठार रेखा के समापन-काल के उपरांत सफलता प्राप्त होती है।

यदि शनि रेखा पर स्टार हो (देखें चित्र 6/36-ए) तो उस काल में बाधाएं बताएं।

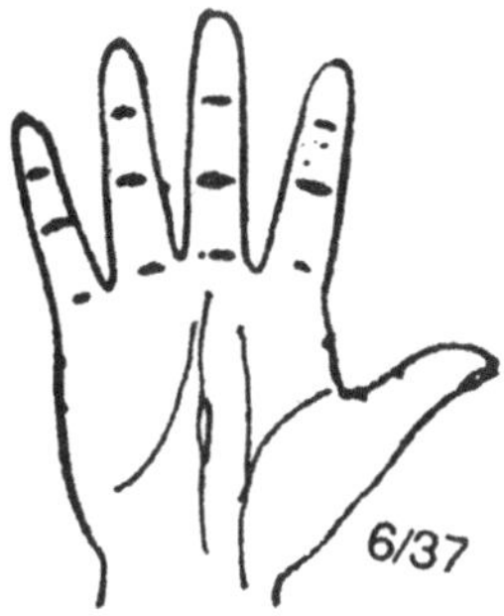

6/37

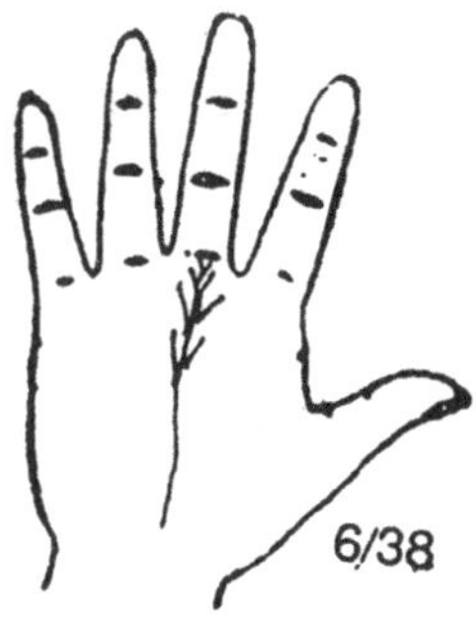

6/38

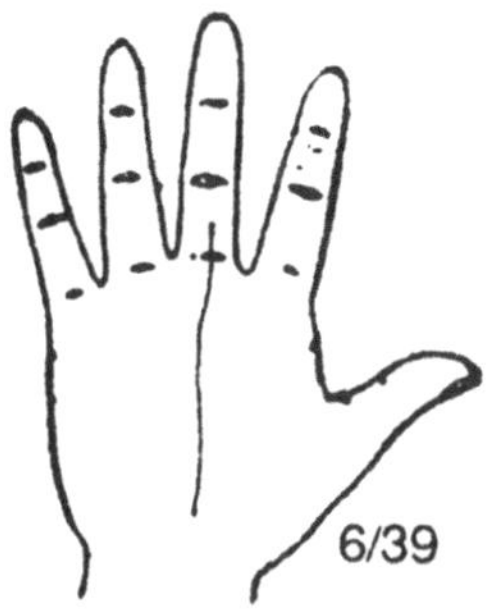

6/39

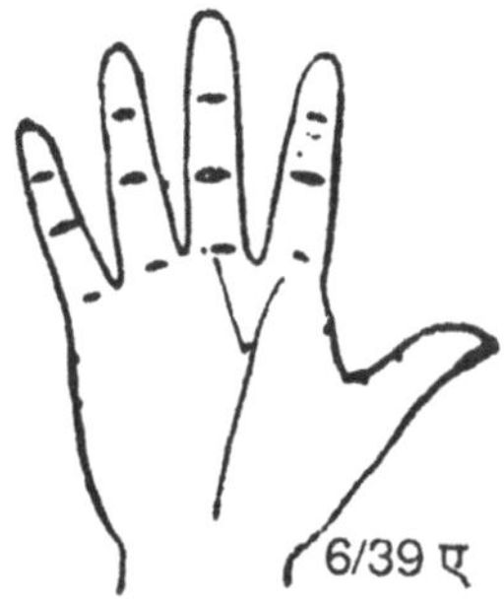

6/39 ए

शनि रेखा पर द्वीप हों (देखें चित्र 6/36-बी) तो उस काल में मुकदमेबाजी आदि अनेक बाधाएं आती हैं।

शनि रेखाएं अनेक हों, उनमें से एक शनि रेखा में द्वीप हों, शेष ठीक हों (देखें चित्र 6/37) तो हानि के बावजूद व्यक्ति अंततः लाभ में रहता है।

शनि रेखा के अंत में फुंदना हो (देखें चित्र 6/38) तो 50 वर्ष की आयु के उपरांत आर्थिक कष्ट।

शनि रेखा मध्यमा के तीसरे पर्व में प्रवेश कर जाए (देखें चित्र 6/39) तो बुढ़ापे में धन संबंधी परेशानी।

हाथ पर इकहरी शनि रेखा हो, उसके समानांतर रेखा न हो तो संघर्ष के उपरांत धन-प्राप्ति होती है।

मोटी और पतली शनि रेखा के रुकने का फल ध्यानपूर्वक समझें। मोटी शनि रेखा के रुकने का समय दुर्भाग्य के अंत का समय होता है। मोटी शनि रेखा होने की बजाय शनि रेखा का न होना अच्छा है। यदि मोटी शनि रेखा निरंतर पतली होती जाए तो सौभाग्य का उदय होता है। यदि पतली शनि रेखा समाप्त हो जाए तो आय के नए साधन नहीं बनते, किंतु पुराने साधनों का लाभ होता रहता है।

यदि अधिक शनि रेखाएं हों, सभी दूषित हों तो संघर्ष अधिक होता है। भारी हाथ का व्यक्ति संघर्ष सह लेता है। पतले हाथ वाला हौसला छोड़ देता है।

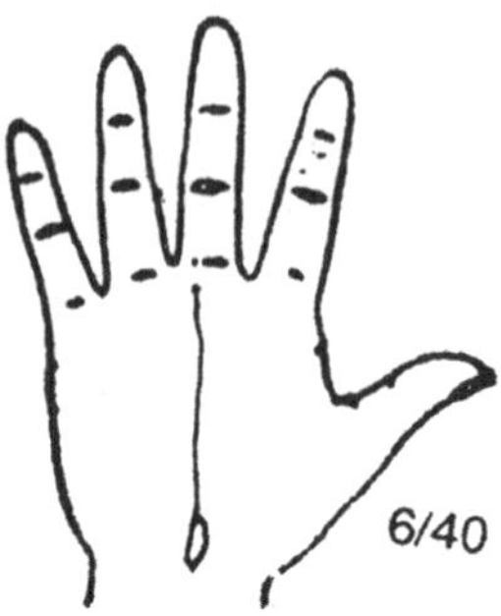
6/40

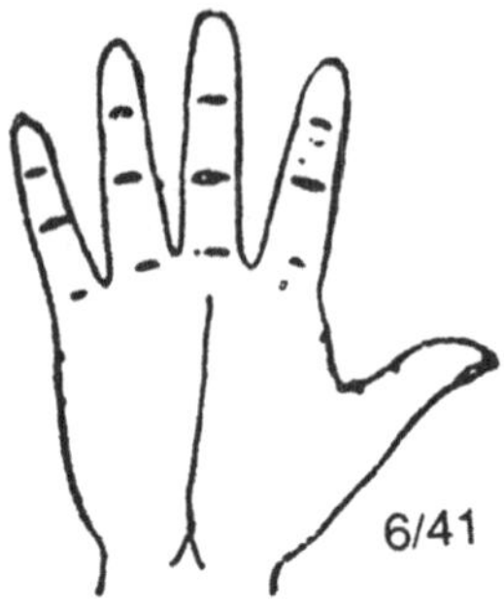
6/41

शनि रेखा अंत में दो शाखाओं में बंटे, एक शाखा गुरु को जाए, दूसरी शनि को (देखें चित्र 6/39-ए) तो 50 वर्ष के उपरांत धन और सम्मान में वृद्धि होती है।

आरंभ में शनि रेखा में द्वीप हो (देखें चित्र 6/40) तो आरंभ में संघर्ष अथवा माता-पिता की छाया से वंचित। शनि रेखा आरंभ में दो शाखायुक्त हो (देखें चित्र 6/41) तो उसका फल आरंभ के द्व ीप जैसा होता है।

शनि रेखा टूटी हो तो उस आयु में संपत्ति बनाने की संभावना नहीं होती। निर्दोष गोलाकार जीवन रेखा का साथ मिले तो बाद में संभावना बन सकती है।

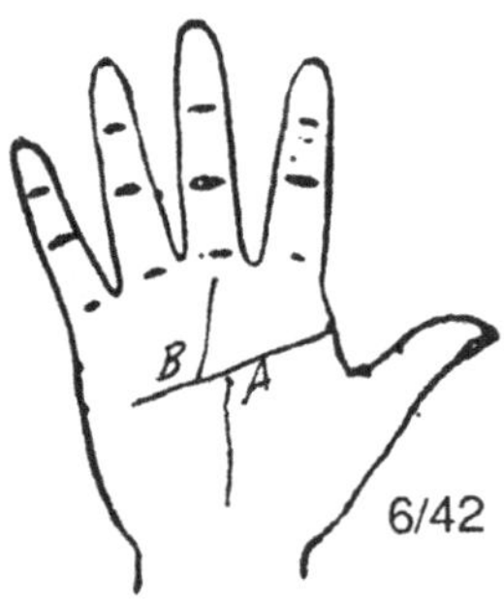

6/42

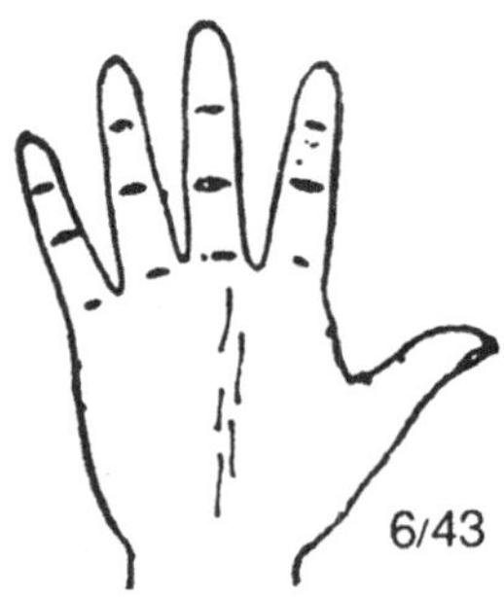
6/43

टूटी शनि रेखा के व्यक्ति कार्य बदलते रहते हैं। यदि टूटी शनि रेखा होने के साथ-साथ कामभाव की रेखा और मंगल रेखा भी दूषित हो तो गृहस्थ जीवन में भी विघ्न पड़ता है।

धुंधली शनि रेखा का व्यक्ति धन-संबंधी विषयों में दूसरों के आश्रय में रहता है।

पतली शनि रेखा मस्तिष्क रेखा पर रुके तो गलत निर्णय के कारण हानि (देखें चित्र 6/42-ए)। यदि रुके स्थान के अतिरिक्त स्थान से मस्तिष्क रेखा से अन्य पतली शनि रेखा उदित हो (देखें चित्र 6/42-बी) तो मस्तिष्क के अच्छे निर्णय के कारण उस आयु में विशेष लाभ होता हैं। यदि नई उदित रेखा मोटी हो तो संघर्ष के उपरांत लाभ।

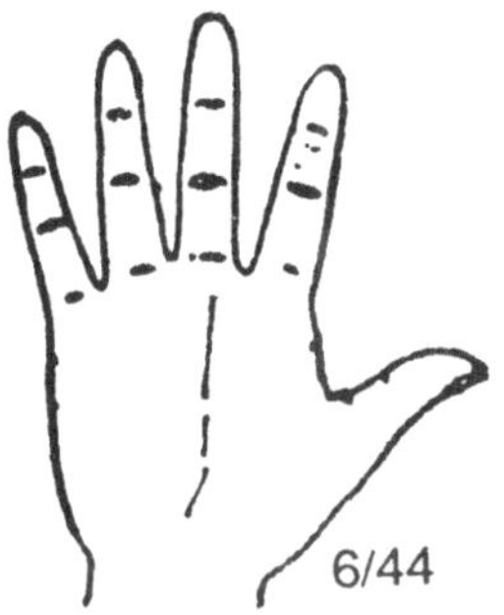

6/44

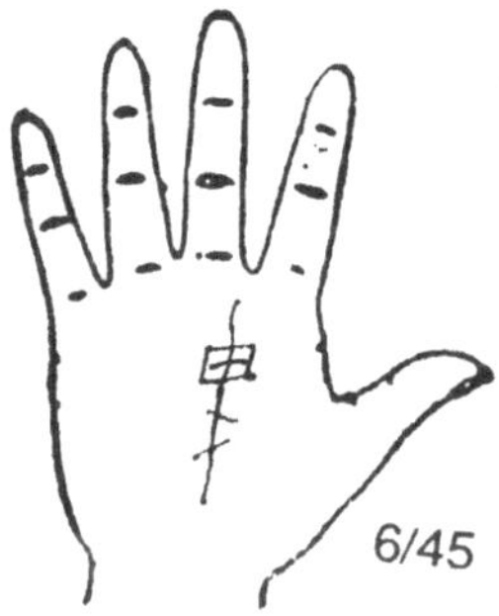

6/45

शनि रेखा न हो तो व्यक्ति में धन-संबंधी महत्त्वाकांक्षा नहीं होती। वह पूर्व के काम को नियमित रूप से बढ़ाता रहता है और धीरे-धीरे सफलता की सीढ़ी पर चढ़ता है। करोड़पति के घर में पैदा होकर अपनी नियमित रफ्तार से आगे अरबपति बनता है।

पतले हाथ पर शनि रेखा का प्रभाव घट जाता है और भारी हाथ पर बढ़ जाता है।

शनि रेखा, हृदय रेखा या मस्तिष्क रेखा पर रुके तो उस समय के अनुसार संघर्ष करना पड़ता है।

शनि रेखा अच्छी हो, मस्तिष्क रेखा दूषित हो तो धन प्राप्त होता है, किंतु संचित नहीं रहता।

मोटी शनि रेखा या मोटी मस्तिष्क रेखा या सीधी जीवन रेखा के व्यक्ति को सलाह दें कि वह हैसियत से बढ़कर ऋण लेकर बड़ा व्यापार न करे। अपने सीमित साधनों के अनुसार धीरे-धीरे कार्य बढ़ाता रहे।

शनि रेखा टूटी हो और टुकड़े एक-दूसरे को ढकते हों (देखें चित्र 6/43) तो व्यापार में परेशानी के बावजूद कार्य बनता रहता है।

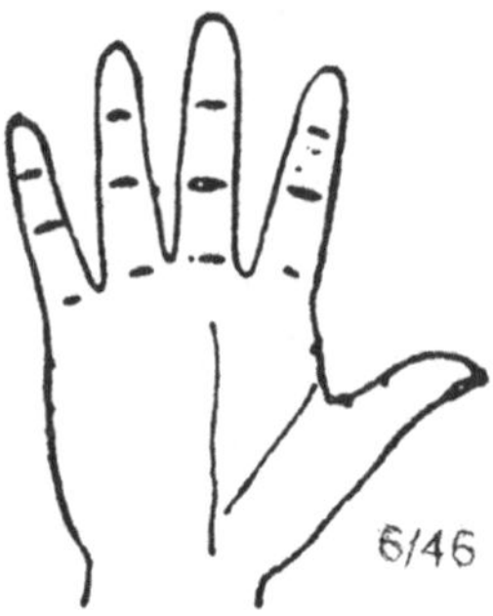

6/46

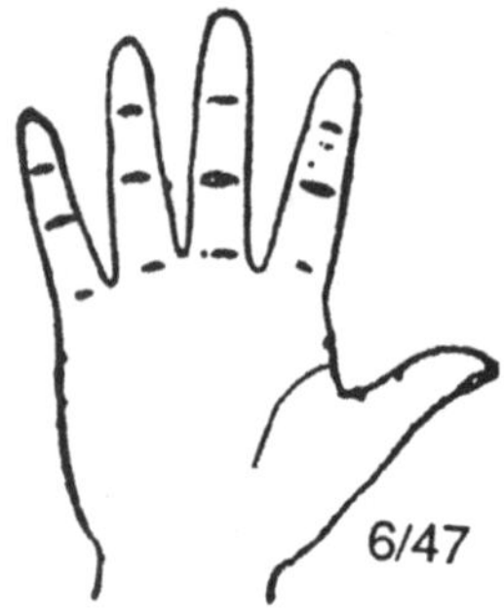

6/47

यदि टुकड़े के मध्य में अवकाश हो (देखें चित्र 6/44) तो बाधा अधिक पड़ती है।

शनि रेखा को आड़ी प्रभाव रेखाएं काटें तो धन-परिवार संबंधी बाधाएं आती हैं। यदि कटे स्थान के उपरांत शनि रेखा जारी रहे तो बाधाओं का निवारण होता हैं। कोई वर्ग कटे स्थान को ढके तो हानि से बचाव होता है (देखें चित्र 6/45)।

सीधी जीवन रेखा के काल तक सफलता की गति धीमी होती है। ऐसी जीवन रेखा के होते हुए यदि शनि रेखा का सहारा मिल जाए (देखें चित्र 6/46) तो शनि रेखा के समय संबंधी नियम के अनुसार जीवन रेखा के दोष का निवारण हो जाता है।

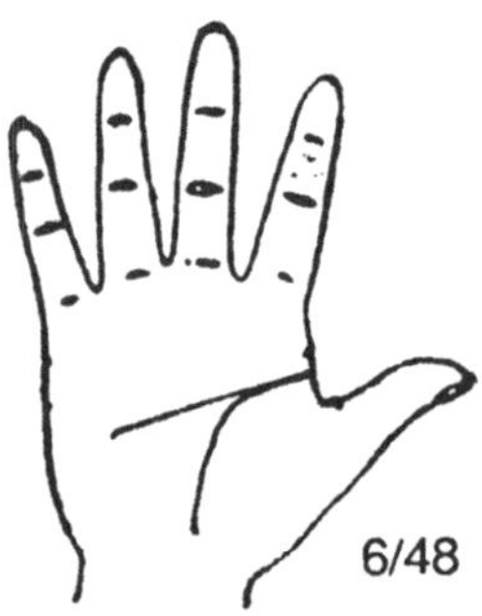

6/48

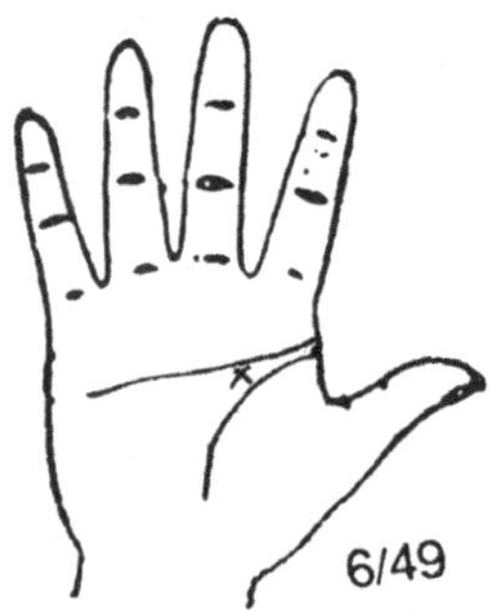

6/49

जीवन रेखा अन्य रेखाओं से मोटी हो तो संघर्ष के उपरांत लाभ प्राप्त होता है।

जीवन रेखा का जो अंश चौड़ा हो और मोटा हो, उस काल में आर्थिक कठिनाई और जो अंश पतला हो उस काल में कठिनाई का समापन।

जीवन रेखा टूटी हो तो स्वास्थ्य संबंधी कठिनाई या स्थान-परिवर्तन, जो इच्छा के अनुसार नहीं होता। स्थान-परिवर्तन का अनुमोदन चंद्र पर्वत से करें। स्वास्थ्य का अनुमोदन हृदय रेखा या बुध रेखा से करें। रोजगार संबंधी कठिनाई शनि रेखा बताती है।

जीवन रेखा अधूरी हो (देखें चित्र 6/47) तो देखें कि पतली रेखा रुकी है या मोटी रुकी है। पतली रुके तो आर्थिक कष्ट, पारिवारिक कष्ट। मोटी जीवन रेखा जब तक जारी रहती है, कष्ट बना रहता है। यदि मोटी जीवन रेखा पूरा घेरा बनाने से पहले रुक जाए तो कष्ट का निवारण होता है।

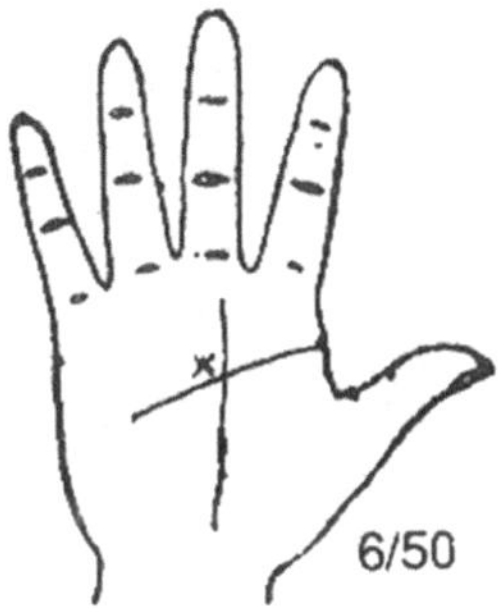
6/50

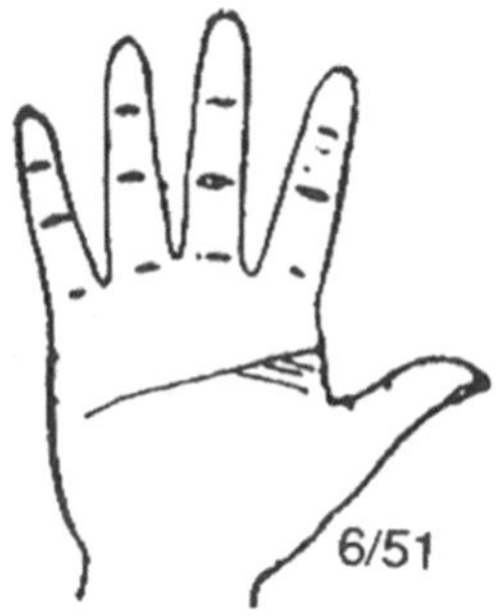
6/51

जीवन रेखा और मस्तिष्क रेखा मिली हुई उदित हों और उनका जोड़ लंबे समय तक चले (देखें चित्र 6/48) तो जोड़ से स्वतंत्र होने के समय के उपरांत भाग्योदय होता है। आयु जीवन रेखा के नियम के अनुसार देखें।

जीवन रेखा और मस्तिष्क रेखा के मध्य क्रॉस हो (देखें चित्र 6/49) तो धन-संपत्ति मिलने में बाधा। मस्तिष्क रेखा और शनि रेखा के निकट क्रॉस हो (देखें चित्र 6/50) तो भी धन संबंधी बाधा। समय शनि रेखा के नियम के अनुसार निश्चित करें।

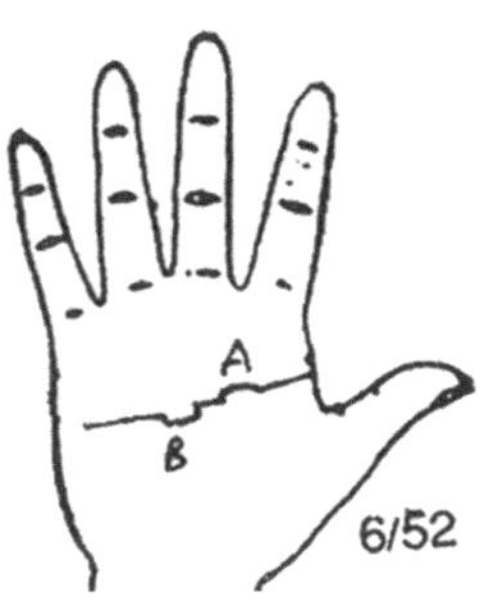

6/52

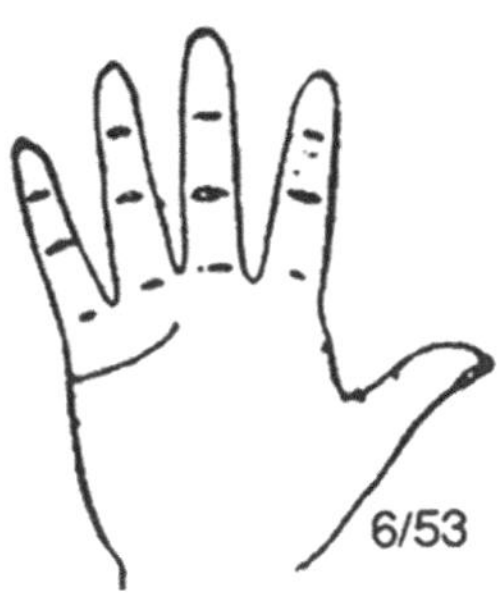
6/53

मस्तिष्क रेखा की आक्रामक मंगल की ओर अधिक शाखाएं जाएं (देखें चित्र 6/51) तो धन संबंधी बाधाएं उपस्थित होती हैं।

मस्तिष्क रेखा में बिंदु बराबर गड्ढे हानि या कार्य बदलने की संभावना व्यक्त करते हैं।

मस्तिष्क रेखा जंजीराकार हो तो आर्थिक उतार-चढ़ाव के बाद स्थिति सुधरेगी।

मस्तिष्क रेखा मोटी हो तो अशांति अथवा हानि, कहीं-कहीं मोटी हो तो हानि-लाभ का हिसाब बराबर। समय शनि रेखा की स्थिति को देखकर ज्ञात करें।

मस्तिष्क रेखा टूटी हो तो मानसिक परेशानियों के कारण रोजगार में बाधा आती है। समय शनि रेखा के नियमानुसार निश्चित करें।

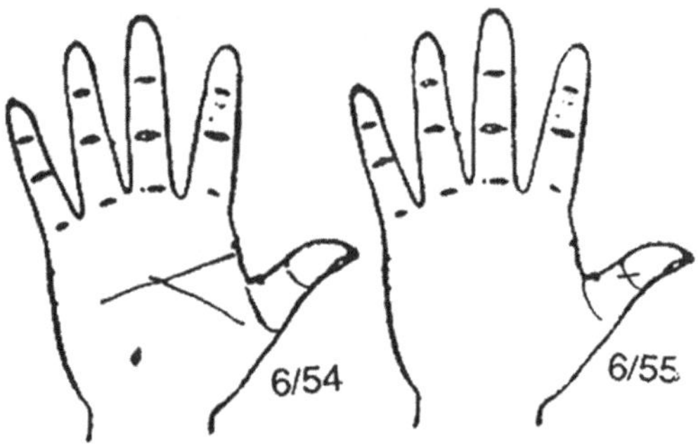

मस्तिष्क रेखा का कूबड़ ऊपर की ओर (देखें चित्र 6/52-ए) या नीचे की ओर (देखें चित्र 6/52-बी) हो तो उसे मस्तिष्क रेखा का दोष समझें, हानि का समय शनि रेखा से ज्ञात करें।

हृदय रेखा सूर्य पर्वत से आरंभ हो (देखें चित्र 6/53) तो धन की तंगी होती है। प्रेम संबंधी प्रश्न हो तो प्रेम में कमी होती है।

शुक्र पर्वत की प्रभाव रेखा मस्तिष्क रेखा को काटे (देखें चित्र 6/54) तो आर्थिक कष्ट। यदि इस कटे स्थान पर मस्तिष्क रेखा में द्वीप हो तो निश्चित।

अंगूठे के दो पोरों के मध्य जोड़ की रेखा कटी हुई हो (देखें चित्र 6/55) तो आर्थिक स्थिति में उतार-चढ़ाव।

अंगूठे के मध्य भाग का यव (द्वीप) मध्य में कटा हो (देखें चित्र

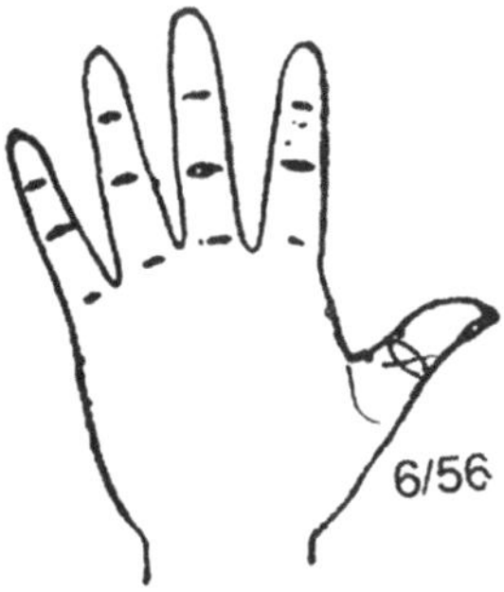

6/56

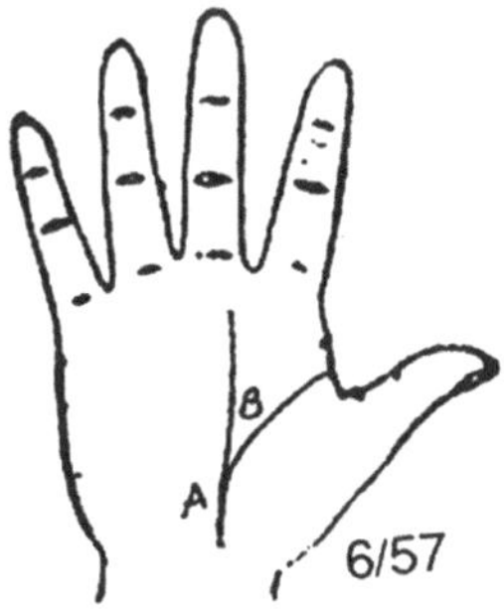

6/57

6/56) तो कठिनाई के बाद ठीक। बिना कटा द्वीप हो तो चाहे शनि रेखा न हो या दूषित हो तो भी धन-संपत्ति बनी रहती है।

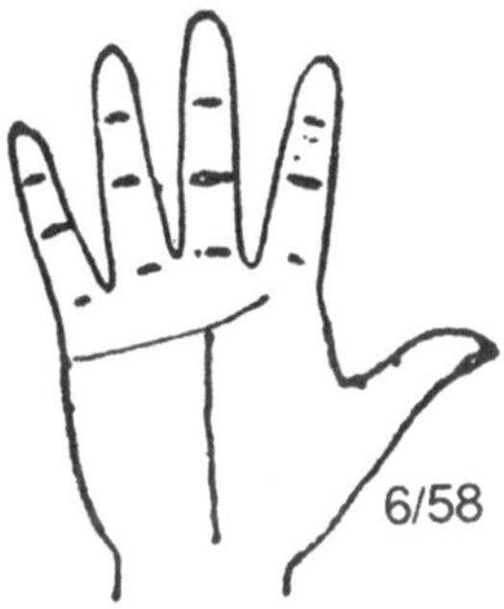

6/58

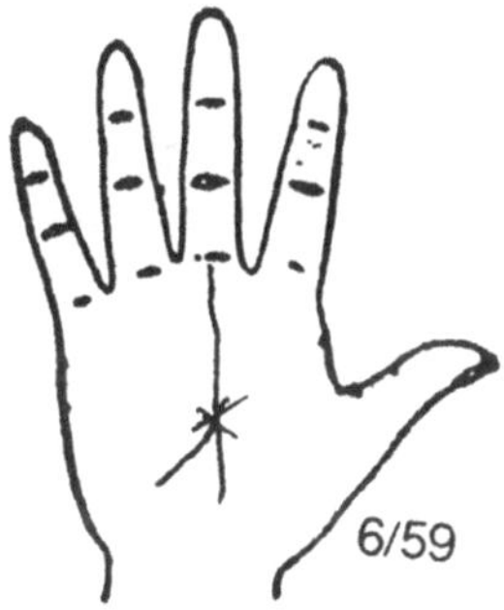

6/59

कनिष्ठिका छोटी हो तो प्रगति धीमी।

अधिक छोटी उंगलियां, आर्थिक कष्ट। कारण, जल्दबाजी।

अधिक लंबी उंगलियां सफलता में विलंब। कारण, सोच-विचार में अवसर निकल जाना।

साझेदारी का विषय तथा रोजगार के लिए उचित क्षेत्र का चुनाव

शनि रेखा का आरंभिक भाग जीवन रेखा से जुड़ा हो (देखें चित्र 6/57–ए) तो परिवारजनों की सहायता से लाभ। जब शनि रेखा जीवन रेखा से अलग से दिखाई दे (देखें चित्र 6/57–बी) तो स्वावलंबन के समय का आरंभ। समय शनि रेखा के आयु संबंधी नियमों के अनुसार ज्ञात करें।

शनि रेखा, जीवन रेखा से अलग कलाई से उदित हो तो व्यक्ति परिवार की पुरानी लीक से हटकर रोजगार चुनने का यत्न करता है। उसके यत्न को सफलता उस समय से मिलती है, जब सूर्य रेखा का उदय होता है। स्त्री के हाथ में शनि रेखा की यह स्थिति उसके परिवार, पति की आर्थिक स्थिति के बारे में बताती है।

शनि रेखा मस्तिष्क रेखा से निकले तो बौद्धिक कार्य से लाभ (पुनः देखें चित्र 6/42–बी)। यदि पहले से निकली शनि रेखा मस्तिष्क रेखा के अन्य भाग पर समाप्त हुई (पुनः देखें चित्र 6/42–ए) हो तो पिछले वर्ष कार्य के उपरांत नए परिवर्तन में बुद्धि विशेष रूप से शामिल होगी।

गहरी शनि रेखा हृदय रेखा पर रुके (देखें चित्र 6/58) तो साझेदारी हानिकारक होगी। उसके बाद यदि शनि रेखा सुधरे तो संबंध में लाभ अन्यथा हानि। चंद्र पर्वत की प्रभाव रेखा शनि रेखा में मिले और मिलन–स्थल पर स्टार हो तो साझेदारी या विवाह संबंधी संकट (देखें चित्र 6/59)।

चंद्र पर्वत की मोटी प्रभाव रेखा मोटी शनि रेखा से मिले तो साझे या विवाह का संबंध, किंतु यह संबंध परेशानी देने वाला होगा।

जीवन रेखा अधूरी हो तो साझे में कष्ट का समय।

जीवन रेखा और शनि रेखा के मध्य पुल जैसी रेखा हो (देखें चित्र 6/60) तो उस आयु तक परिवार के साथ रहकर धन-लाभ।

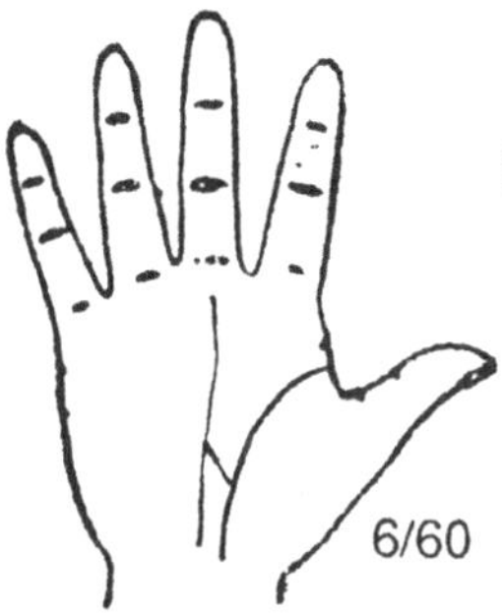

6/60

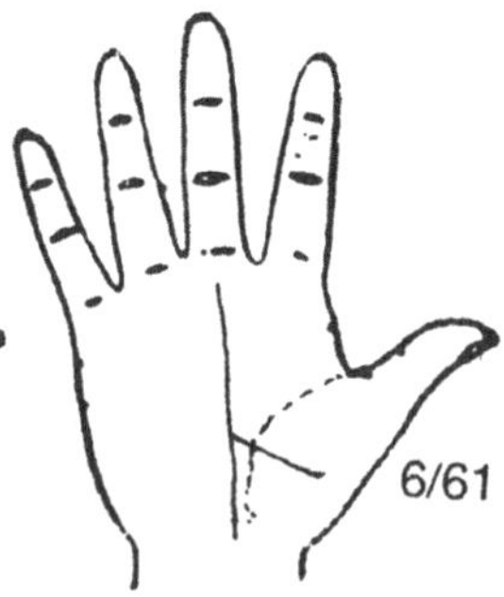

6/61

शुक्र पर्वत से कोई प्रभाव रेखा निकलकर शनि रेखा को छुए (देखें चित्र 6/61) तो पारिवारिक साझा संबंध। विवाह के इच्छुक के लिए यह लक्षण विवाह या प्रेम संबंध भी होता है। यदि प्रभाव रेखा शनि रेखा को छूने की बजाय शनि रेखा के समानांतर चले (देखें चित्र 6/62) तो संबंध देर तक चलता है। यदि प्रभाव रेखा या शनि रेखा दूषित हो तो यह संबंध अशांति का कारण बनता है।

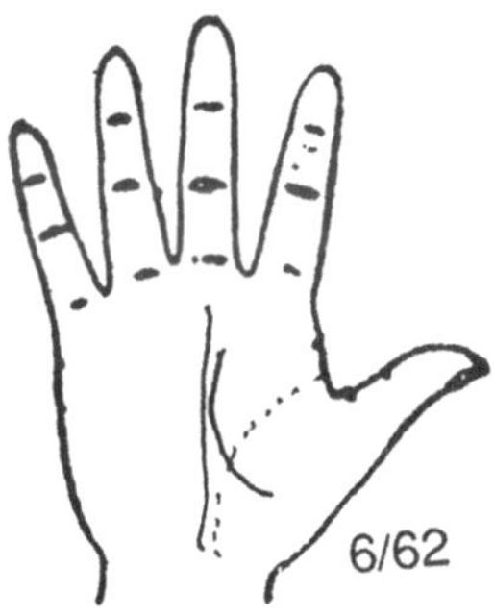

6/62

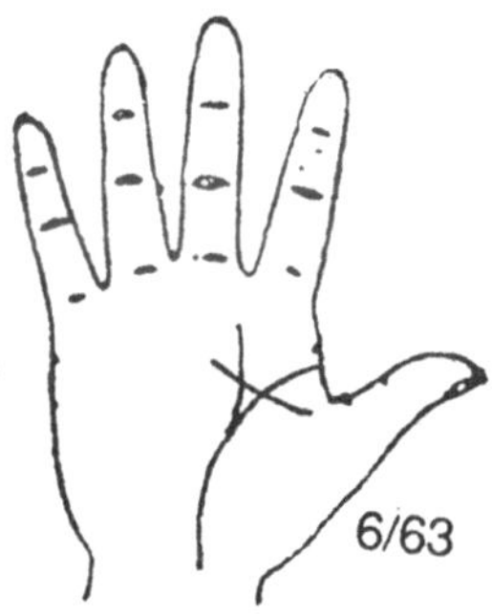

6/63

साझेदारी करते समय साझेदार की कनिष्ठिका उंगली देखें। यदि उंगली अति लंबी हो, उच्च स्थिति में हो या टेढ़ी हो तो आपकी जमा पूंजी को खतरा है।

छोटी और मोटी उंगलियां, छोटे हाथ तथा सख्त त्वचा के व्यक्ति श्रम के कार्यों में सफलता पाते हैं।

लंबी उंगलियां, लंबी हथेली, लचीली त्वचा के व्यक्ति योजना बनाने तथा मस्तिष्क प्रधान कार्यों के लिए उपयुक्त होते हैं।

कोमल गुदगुदे हाथ के व्यक्ति कल्पनाशील होते हैं। उनकी उंग. लियों की गांठें स्पष्ट दिखाई नहीं देतीं। ये शारीरिक श्रम के लिए अच्छे नहीं होते हैं। कला का क्षेत्र उनके लिए उपयुक्त होता है। शनि रेखा, सूर्य रेखा यदि ठीक हो तो लाभ उठाते हैं।

मस्तिष्क रेखा यदि दोनों हाथों में एक जैसी हो तो परिवार में रोजगार का जो साधन चल रहा होता है, उसी साधन को अपनाने में लाभ होता है। यदि दोनों हाथों की मस्तिष्क रेखा में परिवर्तन हो तो रोजगार बदलता है, बुध रेखा अच्छी हो, कनिष्ठिका अच्छी हो तो व्यापार में लाभ होता है। शनि पर्वत पर त्रिकोण हो तो गुप्त विद्याओं में सफलता मिलती है यथा, ज्योतिष, पामिस्ट्री, मनोविज्ञान, मंत्र, योग, अध्यात्म आदि।

बुध पर्वत पर चतुष्कोण या त्रिकोण हो तो व्यक्ति अच्छा वक्ता होता है। उसे राजनीति में पड़ना चाहिए। शनि रेखा और सूर्य रेखा को देखकर सफलता का समय जानें।

रक्षात्मक मंगल से प्रभाव रेखा निकलकर सूर्य को जाए तो राजनीति में सफलता प्राप्ति होती है।

जिनकी तर्जनी लंबी हो, गुरु पर्वत पर त्रिकोण हो, वे साफ-सुथरी राजनीति करते हैं, नाम पाते हैं, धन की हानि करते हैं।

चंद्र पर्वत पर त्रिकोण हो तो आध्यात्मिक क्षेत्र उचित होता है। साथ ही मध्यम लंबी हो और शनि रेखा ठीक हो तो एकांतवास करता है। यदि मध्यमा की बजाय कनिष्ठिका लंबी हो तो आध्यात्मिक क्षेत्र उनके लिए व्यापार का साधन होता है।

एक नजर उंगलियों पर भी डालें।

उंगलियां गठीली हों तो अनुसंधान के कार्य में अधिक लगाव होता है।

उंगलियां कोमल हों अर्थात उंगलियों की गांठ दिखाई न दे तो कलाओं और कल्पना के कार्य में रुचि होती है। सूर्य रेखा हो तो लाभ और यश भी बढ़ता है।

कर्ज, मुकदमे संबंधी प्रश्नों के लिए हस्तलक्षण

शनि रेखा कहीं पतली और कहीं मोटी है तो मोटा अंश ऋणी होने का समय है, पतला अंश ऋण-मुक्ति का समय। जीवन रेखा की यही दशा देखकर भी यही कह सकते हैं।

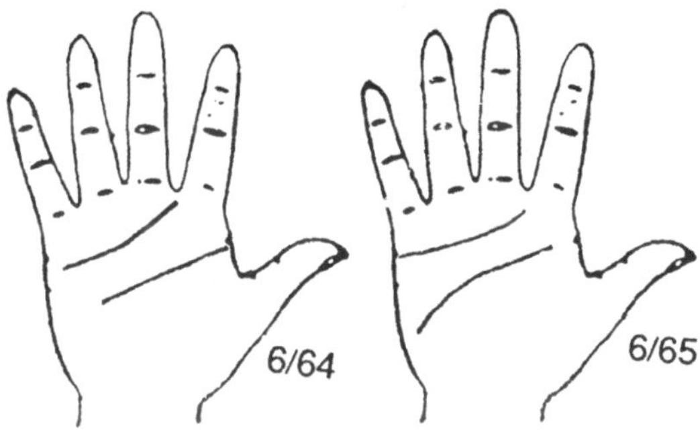

आक्रामक मंगल की प्रभाव रेखा जीवन रेखा की ऊर्ध्वमुखी शाखा को काटे (देखें चित्र 6/63) तो मुकदमेबाजी। हाथ भारी हो तो जीत भी होगी। यदि यह प्रभाव रेखा उंगलियों के किसी पर्वत पर पहुंच जाए तो भी जीत।

हृदय रेखा और मस्तिष्क रेखा के मध्य भाग को पामिस्ट्री की भाषा में वृहत चतुष्कोण कहते हैं। उधार के प्रश्न के समय वृहत चतुष्कोण को देखें। यदि वृहत चतुष्कोण गुरु पर्वत की ओर चौड़ा हो (देखें चित्र 6/64) तो उधार वसूली कठिनता से होगी। यदि रक्षात्मक मंगल की ओर चौड़ा हो (देखें चित्र 6/65) तो भी कठिनता से वसूली होगी। यदि रक्षात्मक मंगल की ओर चतुष्कोण तंग हो (देखें चित्र 6/66) तो उधार कभी नहीं डूबेगा।

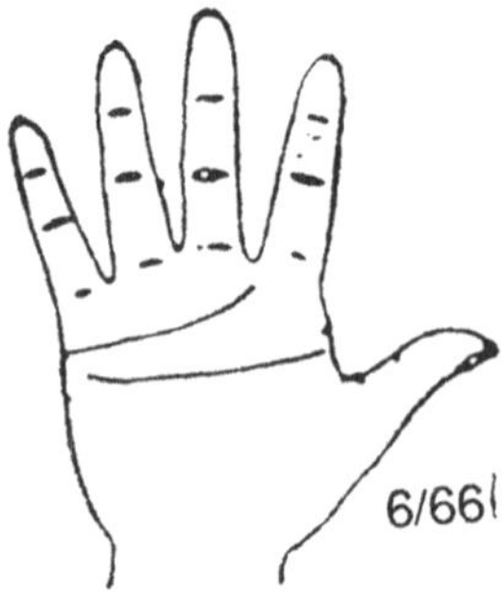
6/66

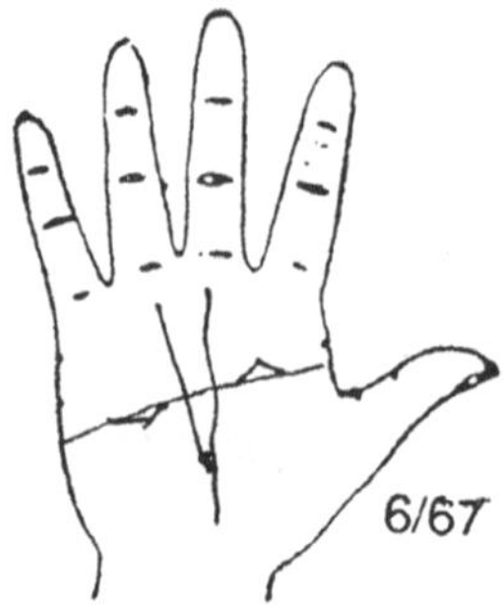
6/67

हाथ भारी हो तो मुकदमेबाजी में अवश्य जीत। शनि रेखा और जीवन रेखा को देखकर समय ज्ञात करें।

अंगूठे के दोनों पोरों के मध्य का द्वीप कटा हुआ हो (पुनः देखें चित्र 6/56) तो उधार के कारण परेशानी रहती है।

अंगूठे के दोनों पोरों के मध्य की विभाजक रेखा को खड़ी रेखा काटे (देखें चित्र 6/55) तो पैतृक धन मिलने में परेशानी।

वसीयत, लाटरी अथवा अचानक धन-प्राप्ति

शनि रेखा से सूर्य रेखा निकले, मस्तिष्क रेखा पर अनेक त्रिकोण हों (देखें चित्र 6/67) तो अचानक धन-प्राप्ति के योग बनते हैं। उसे लाटरी योग भी कह सकते हैं। लाभ का समय सूर्य रेखा के उदय काल के अनुसार।

शनि रेखा पर त्रिकोण हो तो अचानक से धन-प्राप्ति।

शनि रेखा की समानांतर रेखा का समय अचानक लाभ का समय है (देखें चित्र 6/68)। शनि रेखा के अति निकट रेखा, समानांतर रेखा कुठार रेखा कहलाती है। यह अंतर समझ लें।

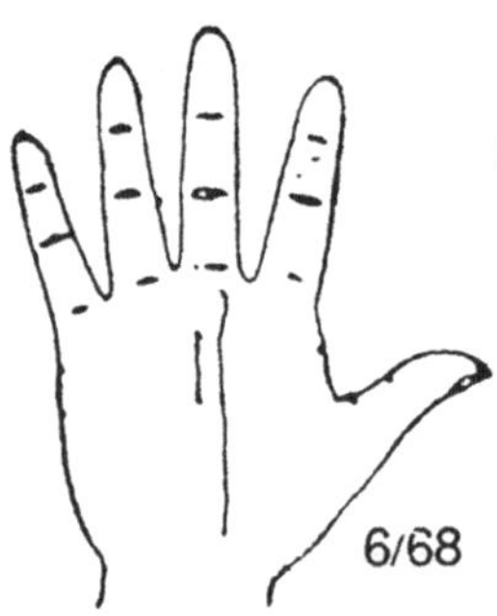
6/68

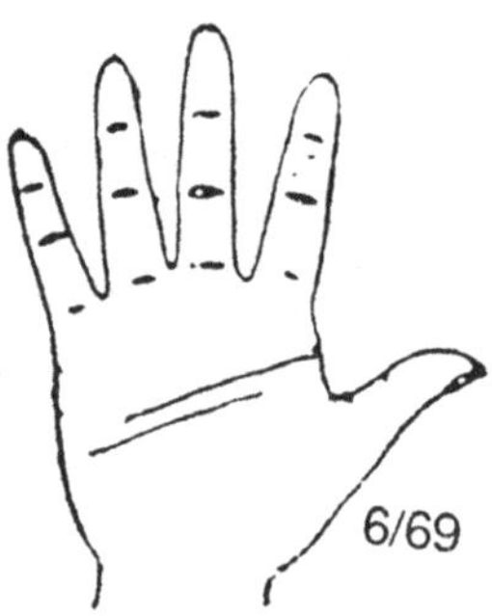
6/69

सूर्य रेखाएं दो हों तो दोहरी सूर्य रेखा का उदय समय अचानक धन-प्राप्ति का समय है।

मध्यमा और अनामिका बराबर हों और शुक्र पर्वत पर जीवन रेखा के समानांतर रेखाएं निर्दोष हों तो लाटरी, सट्टे आदि से धन-प्राप्ति होती है।

सूर्य रेखा का आरंभ त्रिकोण से हो तो उस आयु में अचानक संपत्ति मिलेगी।

जीवन रेखा पर त्रिकोण हो तो पिता पक्ष से धन मिलता है अथवा संपत्ति का निर्माण होता है। मस्तिष्क रेखा पर त्रिकोण माता के पक्ष से संपत्ति का लाभ बताता है।

मस्तिष्क रेखा के साथ सहायक रेखा चले (देखें चित्र 6/69) तो वसीयत, संपत्ति का लाभ, शनि रेखा से समय ज्ञात करें।

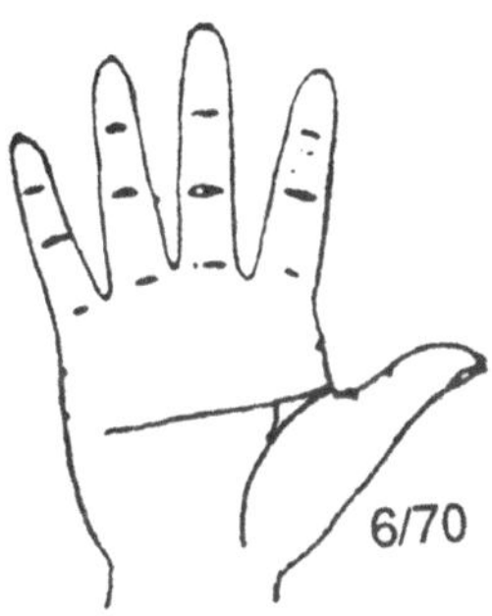
6/70

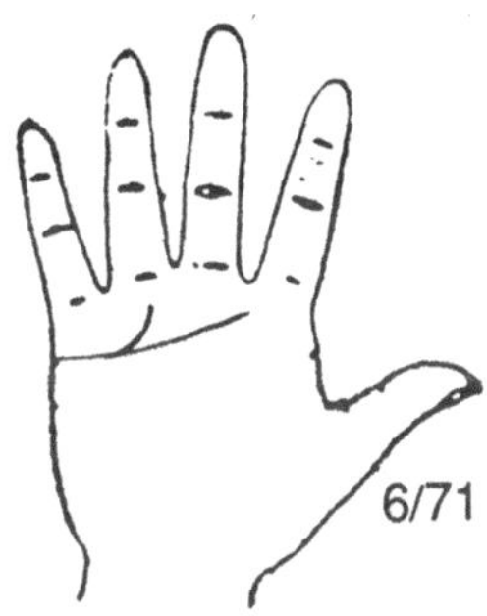
6/71

जीवन रेखा से छोटी रेखा निकलकर मस्तिष्क रेखा से मिले (देखें चित्र 6/70) तो विरासत में संपत्ति मिलती है। यदि उन्हें आड़ी रेखाएं काटें तो मुकदमेबाजी का योग जानें।

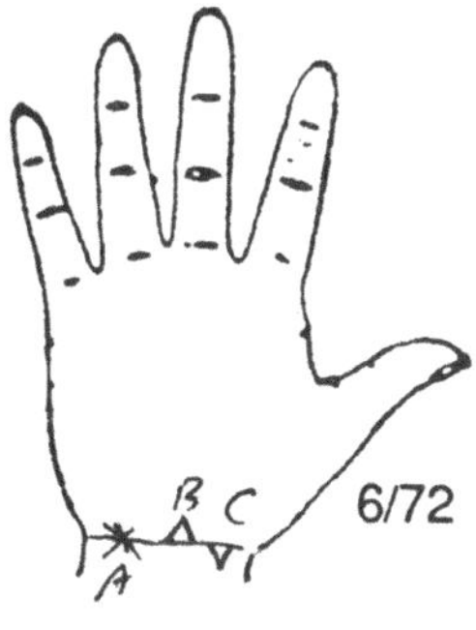

6/72

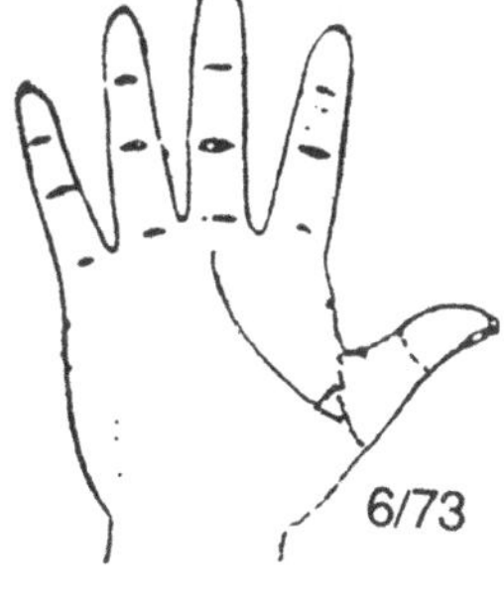
6/73

विरासत संबंधी अन्य लक्षणों के होते हुए यदि शनि रेखा धुंधली हो तो पैतृक अधिकार के लिए संघर्ष करना पड़ेगा।

हृदय रेखा के मध्य में त्रिकोण हो तो विरासत में धन-प्राप्ति।

हृदय रेखा से सूर्य पर्वत को शाखा जाए (देखें चित्र 6/71) तो विरासत में या अचानक धन मिले।

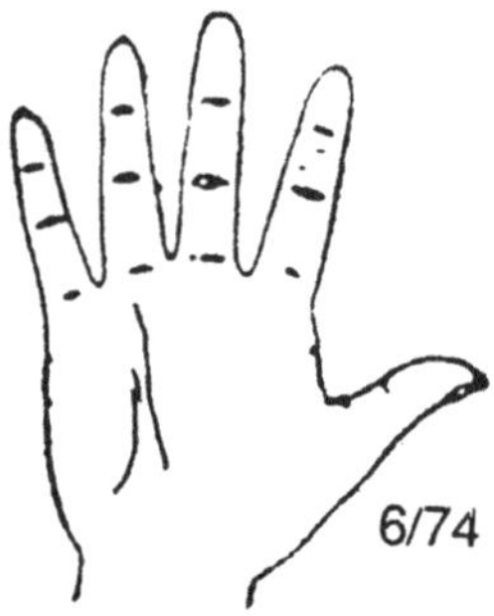

6/74

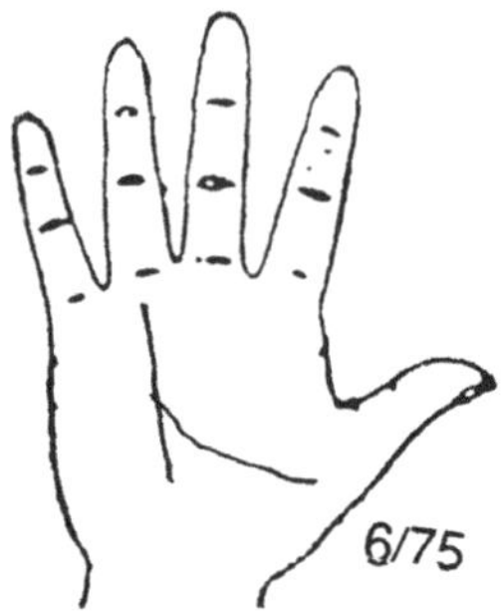

6/75

प्रथम मणिबंध पर स्टार हो (देखें चित्र 6/72-ए) तो विरासत में धन मिलता है। यदि वहां कोण का चिह्न हो (देखें चित्र 6/72-बी, सी) तो भी यही फल है।

अंगूठे के आधार के स्थान पर त्रिकोण से प्रभाव रेखा निकले (देखें चित्र 6/73) और शनि के पर्वत को जाए तथा अनामिका, मध्यमा के बराबर हो तो पैतृक संपत्ति से लाभ।

चंद्र पर्वत की प्रभाव रेखा सूर्य रेखा के साथ चले और सूर्य रेखा को स्पर्श न करे (देखें चित्र 6/74) तो पैतृक धन-संपत्ति।

शुक्र पर्वत की प्रभाव रेखा सूर्य रेखा में विलीन हो (देखें चित्र 6/75) तो पैतृक धन-संपत्ति।

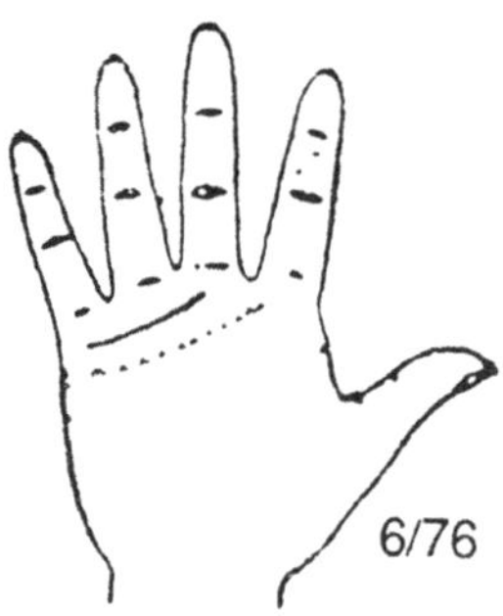

6/76

कुछ सौभाग्यकारक योग

1. सीधा लंबा अंगूठा, सीधी उंगलियां, मध्यमा और अनामिका की समस्थिति। सभी मुख्य रेखाएं पतली और गहरी हों, जीवन रेखा के उदय-स्थान से जीवन रेखा में तनिक-सी छूती हुई मस्तिष्क रेखा का उदय हो, मस्तिष्क रेखा निर्दोष हो, अंत में दो शाखाओं में बंटे, शनि रेखा और सूर्य रेखा हो, जीवन रेखा से ऊर्ध्वमुखी शाखाएं गुरु, शनि, सूर्य पर्वत को जाएं।

2. कलाई से उंगलियों की ओर जाने वाली तीन शाखाएं, जिनके नाम हैं: शनि रेखा, सूर्य रेखा तथा बुध रेखा तथा गोलाकार जीवन रेखा, इन सबका योग शाखाओं से बने वृक्ष जैसा होता है। ऐसी वृक्ष शाखा योग के साथ जीवन रेखा, हृदय रेखा और मस्तिष्क रेखा, ये सभी रेखाएं पतली और गहरी हों तो व्यक्ति सौभाग्यशाली होता है।

3. शनि पर्वत के केंद्र से बुध पर्वत के केंद्र तक हृदय रेखा की समानांतर रेखा को अतिरिक्त भाग्य रेखा मानें (देखें चित्र 6/76) शुक्र वलय और अतिरिक्त भाग्य रेखा का अंतर यह है कि शुक्र वलय अर्द्धगोलाकार होता है, किंतु अतिरिक्त भाग्य रेखा हृदय रेखा के समान. ांतर होती है। भाग्योदय का समय जीवन रेखा या शनि रेखा से जानें।

4. दुहरी गोल जीवन रेखा को अतिरिक्त भाग्य रेखा मानें। हृदय रेखा और मस्तिष्क रेखा की ऊर्ध्वमुखी शाखाएं भी धन और सौभाग्य की वृद्धि बताती हैं।

5. अंगूठे के दोनों पोरों के मध्य के जोड़ पर स्पष्ट यव (द्वीप) हो (पुनः देखें चित्र 6/33-ए) तो धन-यश-विद्या की प्राप्ति। यदि द्वीप अधूरा हो या किसी अन्य रेखा द्वारा काटा गया हो तो 50 वर्ष के उपरांत धन-लाभ।

6. चंद्र पर्वत मछली का चिह्न हो तो सौभाग्यकारक (देखें चित्र 6/77)। मछली के चिह्न की दुम कलाई की ओर हो (देखें चित्र 6/78) तो अधिक भाग्यशाली।

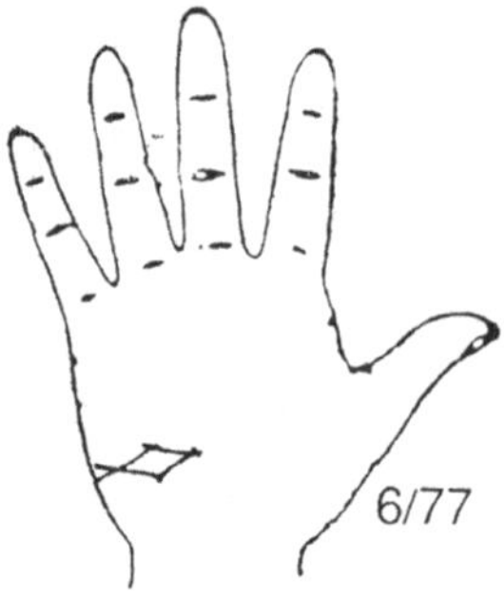

6/77

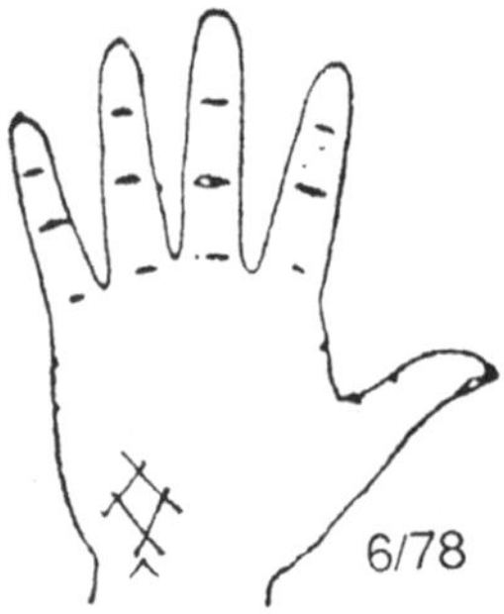

6/78

ये सभी योग एक हाथ पर नहीं मिलते, किंतु इनमें से यदि किसी हाथ पर पांच भी मिल जाएं तो भी सौभाग्य का लक्षण है। पांच से अधिक जितने बढ़ें, सौभाग्य की मात्रा उतनी अधिक समझें। इन लक्षणों में कटाव तनिक परेशानी के उपरांत सौभाग्य बताते हैं।

कुछ हैंड प्रिंट्स और उनके फलादेश

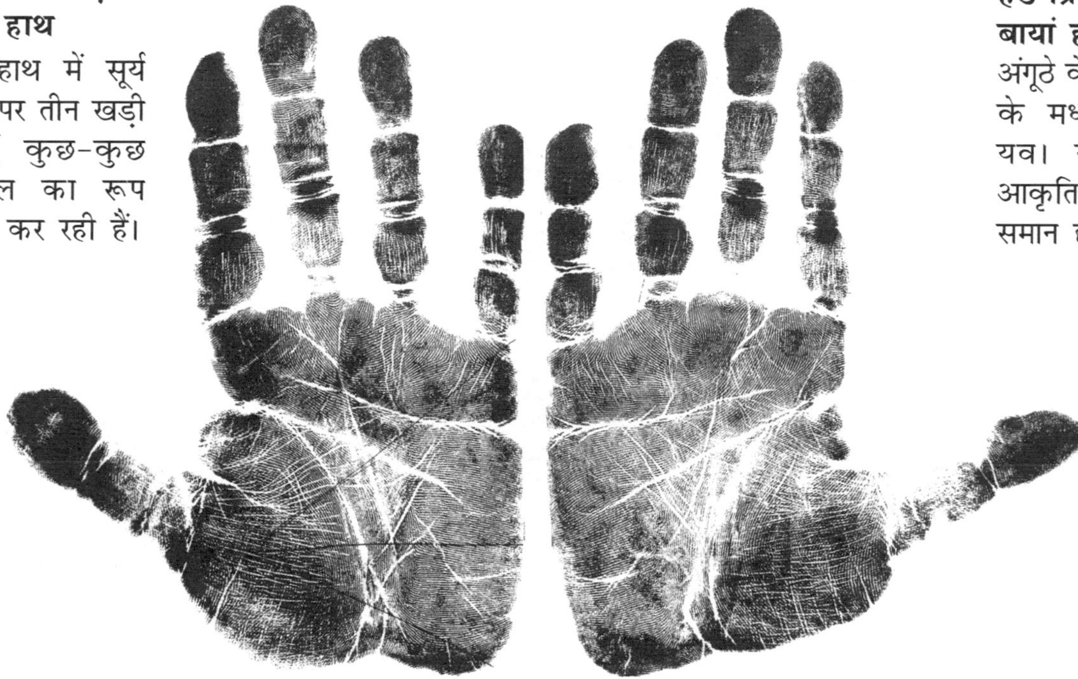

हैंड प्रिंट 1-ए.
दायां हाथ
दाएं हाथ में सूर्य पर्वत पर तीन खड़ी रेखाएं कुछ-कुछ त्रिशूल का रूप धारण कर रही हैं।

हैंड प्रिंट 1-बी.
बायां हाथ
अंगूठे के दो पोरों के मध्य स्पष्ट यव। यव की आकृति द्वीप के समान होती है।

हैंड प्रिंट-1-ए, बी का फलादेश

यह 37 वर्षीय बिजनेसमैन का हाथ है। हाथ बड़ा और भारी है। अंगूठा सामान्य से छोटा है और इसका पहला तथा दूसरा पर्व बराबर आकार का है। कनिष्ठिका लंबी है, किंतु निम्न स्थिति में है। शुक्र तथा आक्रामक मंगल विकसित हैं, चंद्र अविकसित है। अन्य पर्वत विस्थापित हैं। दाएं अंगूठे के मध्य द्वीप में एक रेखा प्रवेश करती है। बाएं अंगूठे के मध्य स्पष्ट द्वीप हैं। अंगूठे के आधार पर जंजीराकार रेखा है। कामभाव की दो रेखाएं हैं, ऊपर की लंबी, मोटी, नीचे की छोटी। सक्रिय हाथ दायां है।

सामान्य आकार का अंगूठा सामान्य बुद्धि बताता है, किंतु कनिष्ठिका लंबी का अर्थ है कि व्यक्ति अपने हित की दृष्टि से चतुर है, किंतु कनिष्ठिका की निम्न स्थिति के कारण व्यक्ति जो कहना चाहता है, खुलकर नहीं कह पाता।

हाथ भारी है, व्यक्ति हिम्मतवाला है। बड़ा हाथ बताता है कि व्यक्ति हर बात की सूक्ष्मता में जाना चाहता है। अंगूठे के दोनों पर्व के बराबर होने का अर्थ है कि क्रियाशक्ति, विचारशक्ति संतुलित है। विकसित शुक्र अच्छी जीवन शक्ति तथा कामशक्ति बताता है। आक्रामक मंगल विकसित होने का फल यह है कि क्रोध की मात्रा अधिक है। विकसित शुक्र के साथ अंगूठे के मूल की विभाजक जंजीराकार रेखा संतान उत्पत्ति की अच्छी संभावना बताती है और अंगूठे के आधार के निकट शुक्र पर्वत पर एक स्पष्ट रेखा बताती है कि एक संतान का सुख लंबे समय तक मिलेगा। हृदय रेखा का अंत शाखायुक्त है, यह उत्तम संतान का लक्षण बताती है।

दोनों अंगूठों के मध्य स्पष्ट द्वीप सर्वश्रेष्ठ होता है, किंतु यहां दाएं हाथ में खंडित द्वीप है, बाएं में स्पष्ट द्वीप है। अतः यहां डेढ़ द्वीप का लाभ मिलेगा। व्यक्ति का हाथ धन की दृष्टि से कभी तंग नहीं रहेगा।

अब रेखाओं को लेते हैं। जीवन रेखा गोल है। कहीं पतली, कहीं मोटी है जो परिवार और धन संबंधी उतार-चढ़ाव बताती है। गोल होने के कारण दोष घटता है। आक्रामक मंगल की प्रभाव रेखाएं 35 वर्ष की आयु तक जीवन रेखा को काटती हैं जो परिवार के जनों की बाधाएं बताती हैं, किंतु शनि रेखा तक नहीं पहुंच पाती है, अतः धन अर्जित करने के यत्न बाधाओं के बावजूद बनते रहेंगे। 35 वर्ष के उपरांत जीवन रेखा को प्रभाव रेखाएं नहीं काटतीं, किंतु जीवन रेखा इस आयु में मोटी है, इससे स्पष्ट है कि 35 वर्ष के बाद पारिवारिक बाधाएं रहेंगी। जीवन रेखा की यह मोटाई 48 वर्ष तक है। यह बताती है कि परिवार संबंधी कोई कठिनाई 48 वर्ष के उपरांत नहीं रहेगी।

मंगल रेखा अत्यंत धुंधली है। अतः कहीं से सहयोग की आशा नहीं है, न ही किसी को सहयोग देने की प्रवृत्ति है। हाथ चूंकि भारी है और आक्रामक मंगल प्रबल है, इसलिए व्यक्ति किसी भी कठिनाई में हारेगा नहीं।

बाएं हाथ की जीवन रेखा आरंभ से अंत तक मोटी है, दाएं हाथ की रेखाएं बाएं हाथ की रेखाओं की तुलना में अच्छी हैं, इससे ज्ञात होता है कि व्यक्ति में अपने आपको सुधारने की क्षमता है।

जीवन रेखा की एक शाखा चंद्र पर्वत को जाती है। जो विदेश यात्रा का संकेत है। जीवन रेखा के अनुसार यह समय 52 वर्ष का है, किंतु इसका वास्तविक समय सूर्य रेखा से देखें। सूर्य रेखा 40 वर्ष की उम्र से आरंभ होती है। अतः विदेश यात्रा का योग 40 वर्ष के आसपास है। 60 वर्ष की आयु में बुध रेखा जीवन रेखा से उदित होकर बुध की ओर बढ़ती है। चंद्र पर्वत से आगे यह रेखा नहीं जा पाती बल्कि चंद्र पर्वत की प्रभाव रेखा के काटने से बुध रेखा पर एक क्रॉस बनता है। उसका फल है कि 60 वर्ष की आयु में रोग की संभावना है। इन्हीं रेखाओं के योग से जीवन रेखा के निकट एक वर्ग बनता है, यह रोग के ठीक होने का संकेत है।

26 वर्ष की आयु में जीवन रेखा से तनिक फासले पर शनि रेखा निकलती है और 29 वर्ष में एक बुध रेखा, जो जीवन रेखा को छुए बिना बुध पर्वत की ओर बढ़ती है और यह बुध रेखा 36 वर्ष तक अत्यंत स्पष्ट है। दूसरी शनि रेखा का एक टुकड़ा चंद्र पर्वत से 24 वर्ष में आरंभ हुआ है और 32 वर्ष तक पहुंचकर रुक गया हैं इस शनि रेखा पर दो क्रॉस हैं, एक 25 वर्ष की आयु में, दूसरा 30

वर्ष की आयु में। 26 वर्ष की आयु में निकली शनि रेखा आरंभ में पतली, मध्य में मोटी, फिर 37 वर्ष की आयु में बाधाओं के उपरांत पतली हो गई है। इन तीनों रेखाओं का मिला-जुला फल यह है कि 24 से 37 वर्ष तक व्यक्ति के धन-प्राप्ति के अनेक साधन रहेंगे, किंतु इनमें बाधाएं भी रहेंगी। 37 के उपरांत बाधाएं घटेंगी और 40 वर्ष के उपरांत सूर्य रेखाओं का समूह शुरू होता है, वह बताता है कि 40 वर्ष में व्यक्ति के अब तक किए गए सभी प्रयत्नों का पूरा फल प्राप्त हो जाएगा।

मस्तिष्क रेखा मोटी है, जो पारिवारिक झंझट और दिमागी परेशानी बताती है। इन झंझटों की समाप्ति का समय सूर्य रेखा का उदयस्थल है, जो 40 वर्ष की आयु में शुरू हो रही हैं।

व्यक्ति के धन संबंधी लाभ देखने के लिए हमने अंगूठे के मध्य के द्वीप का जिक्र पहले किया है, दूसरा लाभकारी लक्षण अतिरिक्त भाग्य रेखा है, जो गुरु पर्वत से मध्यमा के आधार तक हृदय रेखा के ऊपर है। बुध पर्वत पर चार खड़ी लकीरें व्यापार में लाभ बताती हैं। कुल मिलाकर 40 वर्ष के उपरांत का समय धन, यश सभी दृष्टियों से अच्छा है।

बाएं हाथ में गुरु पर्वत पर खड़ी रेखा है। दाएं हाथ में हल्की गुरु मुद्रिका है। यह सम्मान की इच्छा तथा महत्त्वाकांक्षा बताती है, जो 40 वर्ष के उपरांत पूरी होगी क्योंकि सूर्य रेखा का उदय 40 वर्ष से है।

हृदय रेखा उंगलियों के आधार से दूर है, मस्तिष्क रेखा के निकट है। यह बताती है कि व्यक्ति के जीवन में भावना की बजाय व्यावहारिक पक्ष, धन का पक्ष अधिक प्रबल है।

62 वर्ष की आयु में जीवन रेखा के बुध रेखा के स्पर्श के उपरांत जीवन रेखा जारी रहती है। जीवन रेखा की एक समानांतर रेखा 62 वर्ष में सहायक बनती है और कलाई के निकट पहुंचती दिखाई देती है। अतः 75 वर्ष से अधिक आयु कही जा सकती है।

आक्रामक मंगल की ओर का हथेली का भाग विकसित है, जो प्रबल जीवन शक्ति और क्रोध की मात्रा बताता है। निवारण के लिए उसे लोहे की अंगूठी पहनने की सलाह दी गई है। इससे वह खुद पर नियंत्रण रख सकेगा और 40 वर्ष के बाद होने वाली सफलता निकट आ जाएगी।

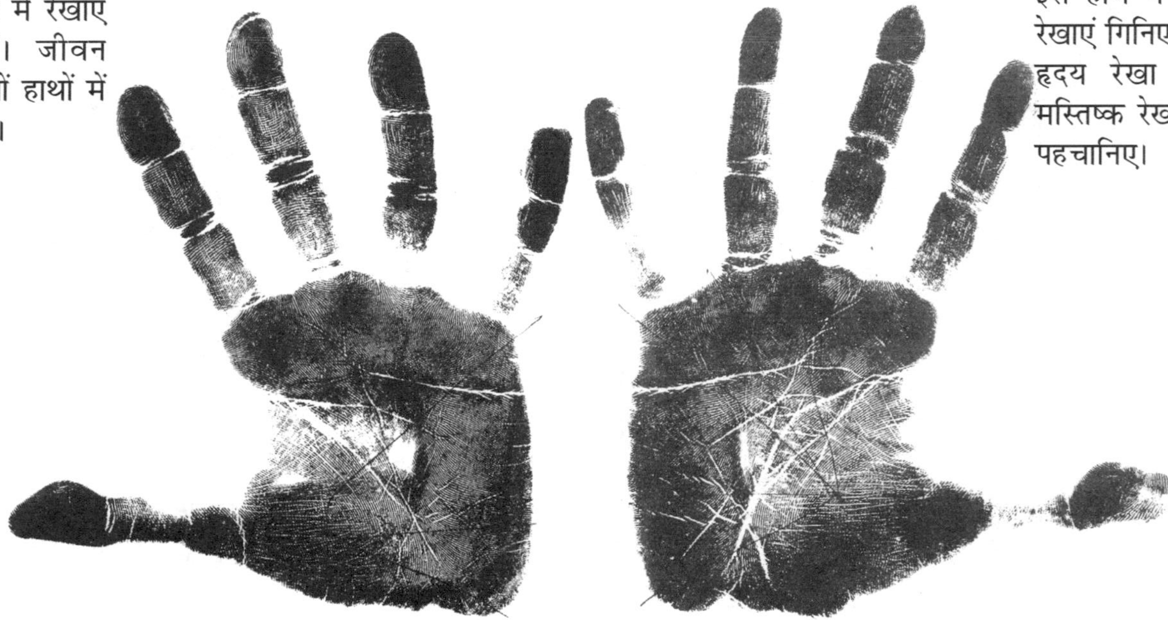

हैंड प्रिंट 2-बी
बायां हाथ
इस हाथ में रेखाएं कम हैं। जीवन रेखा दोनों हाथों में सीधी है।

हैंड प्रिंट 2-ए
दायां हाथ
इस हाथ में शनि रेखाएं गिनिए तथा हृदय रेखा और मस्तिष्क रेखा को पहचानिए।

हैंड प्रिंट - 2-ए, बी का फलादेश

यह हाथ 22 वर्षीय एक अविवाहित लड़की का है। सक्रिय हाथ दायां है। नख छोटे हैं, तर्जनी बड़ी है, अनामिका, तर्जनी का झुकाव मध्यमा की ओर है। गुरु तथा बुध पर्वत विकसित है। अंगूठे का दूसरा पर्व बड़ा है। उंगलियों की गांठें कोमल हैं। कामभाव की रेखाएं दाएं हाथ में दो हैं। ऊपर की बड़ी और अधोमुखी अर्थात हृदय रेखा की ओर झुकती हुई। बाएं हाथ की कामभाव की रेखा सीधी है।

इस लड़की की बाएं हाथ की रेखाएं कम हैं और कम दूषित हैं। दाएं हाथ की रेखाएं अधिक दूषित हैं। टूटी-फूटी या कहीं पतली, कहीं मोटी हैं। इससे स्पष्ट है कि लड़की ने अपने भाग्य को स्वयं बिगाड़ा है। इसके अनेक कारण हो सकते हैं। उदाहरणत: छोटे नख जो अपनी मनवाने पर आग्रह करते हैं, गांठहीन उंगलियां तथा अंगूठे का दूसरा पर्व बड़ा होने से व्यक्ति में क्रियाशक्ति कम होती है, कल्पनाशक्ति अधिक होती है। व्यक्ति ऐसी योजनाएं बनाता है जो पूरी नहीं हो सकतीं। गुरु पर्वत विकसित और तर्जनी बड़ी का व्यक्ति सम्मान की अधिक चाह करता है, जो यदि नहीं मिलता तो रेखाएं विकृत हो जाती हैं।

सक्रिय हाथ दायां है। अत: दाएं हाथ की रेखाओं को लेते हैं। जीवन रेखा सीधी है और आरंभिक भाग दोषयुक्त है। यह दोषयुक्त भाग 16-17 वर्ष तक परिवार की ओर से झंझट तथा स्वास्थ्य संबंधी कष्ट बताता है। सीधी जीवन रेखा के दोष के निवारण का समय तब होता है, जब शनि रेखा, जीवन रेखा को छूकर उंगलियों की ओर जाती है। कलाई से निकली शनि रेखा 28 वर्ष की आयु में सीधी जीवन रेखा को काटकर शनि पर्वत की ओर बढ़ी है। यह किसी विशेष उपलब्धि का समय है। यह उपलब्धि शुभ विवाह के रूप में हो सकती है।

28 वर्ष की आयु में शुक्र पर्वत की ओर से एक प्रभाव रेखा शनि रेखा से मिली जीवन रेखा को काटकर सूर्य पर्वत की दिशा में बढ़ती है। यह उस आयु में परिवार के बंधन से मुक्त होकर सफलता की सूचना देती हैं, किंतु यह प्रभाव रेखा तनिक आगे बढ़कर मोटी होकर लुप्त हो जाती है। इससे हम कह सकते हैं कि सफलता के लिए संघर्ष और अधिक करना होगा। सद्प्रयासों या उपायों से लुप्त रेखा प्रकट हो जाएगी।

एक अन्य शनि रेखा 23 वर्ष की आयु में चंद्र पर्वत से निकलती है। इस शनि रेखा को 26 तथा 28 वर्ष की आयु में प्रभाव रेखाएं काटती हैं। इस शनि रेखा का उदय काल 23 वर्ष का समय विवाह का समय हो सकता है, किंतु उस संबंध में बाधाएं आने की संभावनाएं हैं, क्योंकि यह रेखा अनेक जगह कटी है और कामभाव की रेखा अधोमुखी है। अतः विवाह का उत्तम समय 28 वर्ष है। ये बाधाएं 28 वर्ष के बाद नहीं हैं। हालांकि 28 वर्ष के उपरांत यह दूसरी शनि रेखा धुंधली हो जाती है, पुनः 35 वर्ष में उदित होती है, किंतु इस दोष के निवारण के लिए पहले की कलाई के मध्य से निकली शनि रेखा जारी रहती है।

तीसरी शनि रेखा रक्षात्मक मंगल से 31 वर्ष की आयु में निकलती है। यह रेखा दोषहीन है। 35 वर्ष की आयु में उसे चंद्र पर्वत की शनि रेखा और कलाई के मध्य से निकली शनि रेखा का सहयोग मिलता है। यह शनि रेखा 50 वर्ष की आयु तक हृदय रेखा तक स्पष्ट जाती है। तत्पश्चात हृदय रेखा के साथ संयुक्त रूप में सीढ़ी के पायदानों की तरह शनि पर्वत की ओर जाती है। इसका फल यह है कि 31 से 50 वर्ष का समय इस लड़की के जीवन का अति उत्तम समय है। 28 वर्ष की उपलब्धि के समय जो संघर्ष लिखा है, वह 31 वर्ष तक समाप्त हो जाएगा। 50 वर्ष तक धन, परिवार आदि की दृष्टि से लाभ का समय रहेगा। 50 वर्ष के उपरांत के लिए अभी चिंता करने की आवश्यकता नहीं है, क्योंकि तब तक बहुत सुधार हो सकता है।

मस्तिष्क रेखा छोटी है और दूषित है, जो आर्थिक और परिवार संबंधी कठिनाई बताती है। कठिनाइयों का समय हम शनि रेखा और जीवन रेखा के प्रसंग में बता चुके हैं। हृदय रेखा शनि पर्वत के नीचे से उदित हुई है और उंगलियों से दूर है। हृदय और मस्तिष्क रेखा के मध्य एक प्रभाव रेखा पुल का काम करती है, जो दोनों रेखाओं को

एक मस्तिष्क रेखा का रूप देती है। यह आत्मकेंद्रित और अपने हित का चिंतन करने वाले व्यक्ति को प्रकट करती है। व्यक्ति के जीवन में भावना का स्थान कम है। लाभ का भाव अधिक है, जो दांपत्य संबंधों में व्यक्ति को अकेला बना सकता है। दांपत्य संबंध का जिक्र इसलिए किया गया है कि कामभाव की एक रेखा का रुख हृदय रेखा की ओर है। फिर भी अनिष्ट की संभावना नहीं, क्योंकि मस्तिष्क रेखा तथा हृदय रेखा के मिलन-स्थल के निकट अनेक वर्ग हैं, जो दोषों का निवारण करते हैं।

चंद्र पर्वत के मध्य भाग पर दूषित आड़ी रेखाएं बेचैनी और पेट संबंधी कष्ट बताती हैं। इन्हें अपने पाचन संस्थान की ओर ध्यान देना चाहिए और बेचैनी दूर करने के उपाय करने चाहिए।

मंगल रेखा 21 से 48 वर्ष तक जीवन रेखा के समानांतर चलती है। इस आयु में लड़की को माता-पिता, भाई, संरक्षक, पति में से किसी-न-किसी का सहारा मिलता रहेगा। 48 वर्ष के उपरांत मंगल रेखा रुकती है। उस आयु के उपरांत सहयोग घट सकता है। उसका उपाय अभी से करना चाहिए।

जीवन रेखा का अंतिम भाग शनि रेखा के साथ संयुक्त रेखा में है। उस संयुक्त रूप से शुक्र पर्वत से निकली एक बुध रेखा जीवन रेखा को 50 वर्ष की आयु में काटती है, जो उस आयु में शारीरिक कष्ट बताती है। उसके उपरांत जीवन रेखा 70 वर्ष तक जारी रहती है, अतः कष्ट का निवारण होगा और जीवन 70 वर्ष तक चलेगा। शनि रेखा से मिली जीवन रेखा के संयुक्त रूप का समापन चंद्र की ओर है, अतः यात्रा की प्रवृत्ति है, जो 31 वर्ष की आयु में संभव है।

सारांश रूप में यह कह सकते हैं कि यह एक बेचैन व्यक्ति का हाथ है। उसकी उपलब्धियों का समय 28 वर्ष से आरंभ होता है। 31 से 50 वर्ष का समय सर्वश्रेष्ठ है। उसके बाद के लिए अभी से उपाय बरतने चाहिए। इन्हें मस्तिष्क-शक्तिवर्द्धक उंगली मुद्रा, जीवन-शक्तिवर्द्धक उंगली मुद्रा का अभ्यास तथा बुध-शक्तिवर्द्धक उंगली मुद्रा का अभ्यास करना चाहिए। बेचैनी दूर करने के लिए सांस के निरीक्षण का अभ्यास करना चाहिए। प्रातःकाल हस्तदर्शन करके अपने इष्ट से सद्बुद्धि मांगनी चाहिए और लोहा व तांबा दोनों धारण करने चाहिए। इससे 28 वर्ष तक का समय अच्छा कटेगा और 50 वर्ष के उपरांत के शुभ लक्षण प्रकट होंगे।

हैंड प्रिंट 3-ए.
दायां हाथ
अधिक रेखाओं से भरा हाथ। ऐसा हाथ व्यक्ति की अधिक मानसिक सक्रियता बताता है।

हैंड प्रिंट 3-बी.
बायां हाथ
शनि रेखा के मध्य भाग में दबे हुए अंश विशेष रूप से उल्लेखनीय हैं।

हैंड प्रिंट - 3-ए, बी का फलादेश

यह हाथ एक 30 वर्षीय धनाढ्य युवती का है। सक्रिय हाथ दायां है। उंगलियां बेतरतीब हैं, अर्थात एक सीध में नहीं हैं। कनिष्ठिका छोटी है, निम्नस्थिति में है और पीछे की ओर अलग से झुकी हुई है। इसे कुछ सीमा तक टेढ़ी कनिष्ठिका कह सकते हैं।

अंगूठे का दूसरा पर्व बड़ा है। शुक्र पर्वत विकसित है। शेष पर्वत सामान्य हैं। दाएं हाथ में कामभाव की दो रेखाएं हैं। एक रेखा दो शाखायुक्त है, एक शाखा का रुख हृदय रेखा की ओर है।

अधिक रेखाएं मन की अति गतिशीलता बताती हैं। अधिक सोचना और बेचैन रहना उसका फल है। बाएं हाथ की तुलना में दाएं हाथ की रेखाएं अच्छी हैं। अतः प्रवृत्ति सुधार की ओर है।

हृदय रेखा की शाखाएं मस्तिष्क रेखा को जाती हैं, अर्थात मस्तिष्क का आकर्षण प्रबल है। कनिष्ठिका टेढ़ी है। यह स्वहित चिंतक व्यक्ति का लक्षण है। कामभाव की रेखा दो शाखायुक्त है। इसका तात्पर्य दांपत्य जीवन में खटपट है। मंगल रेखा का न होना इसका अनुमोदन करता है। ये सारे लक्षण आत्महित चिंतक व्यक्ति बताते हैं। जीवन रेखा और मस्तिष्क रेखा 18 वर्ष तक मिली है और जंजीरयुक्त है और मस्तिष्क रेखा 21 वर्ष तक दूषित है।

21 वर्ष तक हीनता की भावना तथा आर्थिक कष्ट, इसका अनुमोदन कलाई के मध्य से निकला शनि रेखा के आरंभिक भाग में भी देखें। यह शनि रेखा कलाई के निकट दो शाखायुक्त है। इसका अर्थ बचपन में अभावग्रस्त जीवन है। जीवन रेखा 28 वर्ष तक दुहरी है और यह दुहरी रेखा द्वीप का आकार बना रही है। यह शारीरिक और पारिवारिक कष्ट का लक्षण है।

अधूरा शुक्र वलय मानसिक परेशानी का लक्षण है। अतः इसकी

मुख्य परेशानी अति संवेदनशील स्नायु संस्थान है। शनि रेखाएं अनेक हैं। मुख्य शनि रेखा जो कलाई के मध्य से निकली है, उसके आरंभ के दो शाखायुक्त होने का फल हम बता चुके हैं। दूसरी शनि रेखा चंद्र पर्वत के निचले भाग से निकलकर 28 वर्ष की आयु में मुख्य शनि रेखा में विलीन होती है। इसी जंक्शन से बुध रेखा निकलती है। यह 28 वर्ष की आयु में कोई व्यापारिक उपलब्धि बताती है। इस आयु में इसने पारिवारिक व्यवसाय में सक्रिय भूमिका निभानी आरंभ की है।

तीसरी शनि रेखा चंद्र पर्वत के ऊपर भाग से निकली है। यह शनि रेखा एक अन्य शनि रेखा में 30 वर्ष की आयु में मिलती है और इस मिलन-स्थल से सूर्य रेखा निकलती है। अतः 30 वर्ष का अवसर विशेष उपलब्धि का है। इस आयु में उसकी संपत्ति का निर्माण हुआ है। 35 वर्ष में सूर्य रेखा की समानांतर रेखा मस्तिष्क रेखा से निकलती है। यह मस्तिष्क की किसी योग्यता से उस आयु में विशेष उपलब्धि बताती है। 35 वर्ष की आयु में जीवन रेखा से दो शाखाएं निकलकर शनि की ओर बढ़ती हैं। ये दोनों रेखाएं अत्यंत निकट होने के कारण कुठार रेखा का कार्य करती हैं। लाभ तो होगा, किंतु परेशानियां साथ रहेंगी। 40 से 50 वर्ष के मध्य बाएं हाथ की शनि रेखा में गड्ढा है। दाएं हाथ में उस आयु में रेखाएं ठीक हैं, अतः गड्ढे का दोष कम हो जाता है, फिर भी उस आयु में धन संबंधी कुछ कष्ट होगा। अभी से ध्यान देने की जरूरत है। 50 से 55 वर्ष की आयु में विशेष परिवर्तन की संभावना है, क्योंकि हृदय रेखा पर जो रेखाएं रुकती हैं, उसके कुछ समय उपरांत सूर्य पर्वत पर तीन खड़ी रेखाएं दिखाई देती हैं। उन्हें छोटी आड़ी रेखाएं काटती भी हैं, जो बाधाओं के उपरांत इच्छापूर्ति को बताती हैं।

हृदय रेखा की शाखाओं का रुख मस्तिष्क रेखा की ओर है, जो मस्तिष्क के अधिक बलशाली होने का संकेत देती हैं। फल, भावुक कम, व्यावहारिक ज्यादा। हृदय रेखा के आरंभ और अंत में शाखाएं पूर्वजों से उपलब्धि और अच्छी संतान का संकेत हैं। दो संतानें हो चुकी हैं जो अंगूठे के आधार पर खड़ी रेखाओं से स्पष्ट है।

65 वर्ष की उम्र में जीवन रेखा को काटती हुई एक प्रभाव रेखा चंद्र पर्वत को गई है। यह अधूरी अंतर्दृष्टि रेखा है। इसका फल यह है कि व्यक्ति में दूसरे के मन को समझने की योग्यता है। इस रेखा ने जीवन रेखा के अंतिम भाग के साथ मिलकर जीवन रेखा से सटा

हुआ एक त्रिकोण बनाया है। यह 65 वर्ष की आयु में संपत्ति का निर्माण बताता है। यह प्रभाव रेखा जीवन रेखा से चंद्र पर्वत की ओर जाने वाली शाखा तथा एक अन्य शनि रेखा से मिलकर एक अन्य त्रिकोण बना रही है। यह त्रिकोण शनि रेखा के क्षेत्र में है, अतः यह समय शनि रेखा के आयु संबंधी नियमानुसार 22 से 28 वर्ष है। अनेक शनि रेखाओं के साथ अन्य प्रभाव रेखा व बुध रेखा मिलकर अन्य त्रिकोण 25 से 30 वर्ष में बन रही है। ये सभी किसी-न-किसी रूप में उस आयु में संपत्ति का निर्माण बताते हैं। यहां यह मत भूलें कि वाहन, बैंक बैलेंस आदि भी संपत्ति के ही रूप हैं। इन त्रिकोणों के समय 22 से 30 के मध्य अच्छी संपत्ति बनी है, किंतु दूषित रेखाओं के कारण परेशानियां भी साथ रही हैं।

जीवन रेखा 75 वर्ष तक आयु बताती है। मंगल रेखा का अभाव यह बताता है कि इनमें रोगों से लड़ने की क्षमता कम है। इन्हें रोगों से सावधान रहना चाहिए। हृदय रेखा के गड्ढे भी सावधान रहने की चेतावनी देते हैं।

सारांश यह है कि धन की दृष्टि से यह हाथ उत्तम है, किंतु मानसिक दृष्टि से यह परेशानी भरा हाथ है। इन्हें हृदय-शक्तिवर्द्धक उंगली मुद्रा, जीवन-शक्तिवर्द्धक उंगली मुद्रा का अभ्यास करना चाहिए। टेढ़ी कनिष्ठिका के दोष-निवारण के लिए गुरु पर्वत को अधिक शक्ति देनी चाहिए। पुखराज की अंगूठी इनके लिए शुभ है। इससे अधेड़ावस्था के सूर्य रेखा के दोष दूर होंगे और सफलता की बाधाएं हटेंगी।

हैंड प्रिंट 4-ए, दायां हाथ
तीन-तीन गुरु मुद्रिकाओं और गुरु पर्वत से आरंभ जीवन रेखा का यह हाथ अच्छा उदाहरण है।

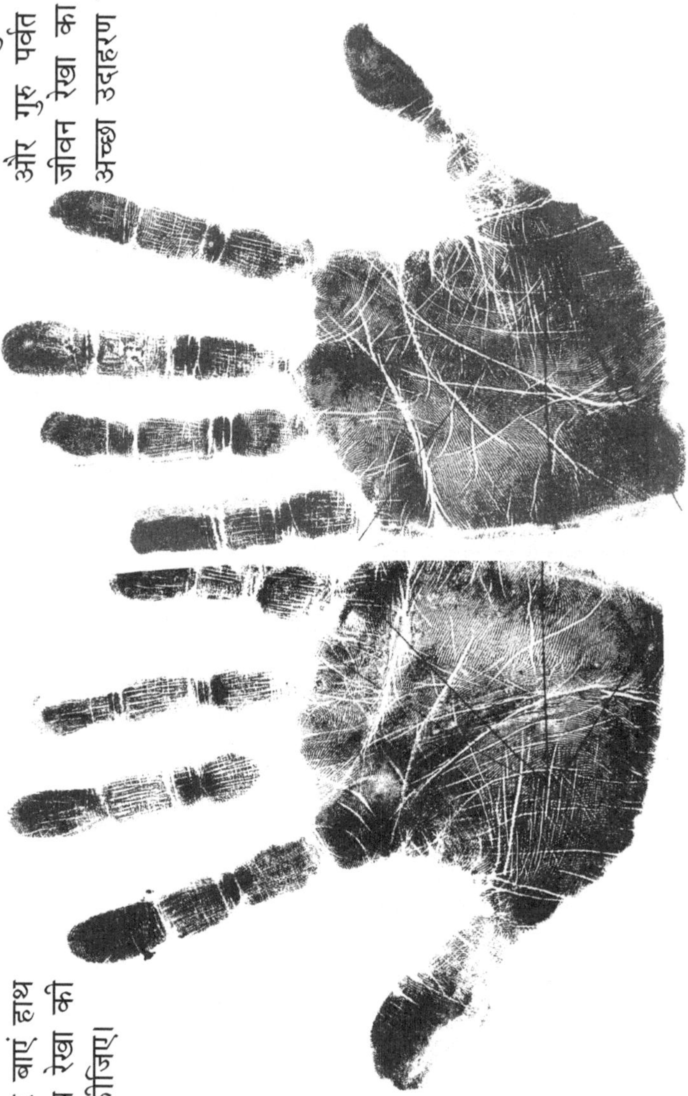

हैंड प्रिंट 4-बी. बायां हाथ
दाएं और बाएं हाथ की हृदय रेखा की तुलना कीजिए।

हैंड प्रिंट - 4-ए, बी का फलादेश

यह 41 वर्षीय एक व्यापारी का हाथ है। सक्रिय हाथ दायां है। बाएं अंगूठे के फिंगर प्रिंट में एक डबल लूप है, शेष उंगलियों के फिंगर प्रिंट्स में नौ चक्र हैं। कनिष्ठिका निम्न स्थिति में है। इसके आधार का बुध पर्वत अविकसित, शेष पर्वत सामान्य विकसित है। अंगूठा सामान्य आकार का, दूसरा पर्व बड़ा। दाएं अंगूठे के दो पोरों के मध्य के जोड़ पर द्वीप है, बाएं में द्वीप कटा हुआ है। दोनों हाथों में कामभाव की दो-दो रेखाएं हैं। ऊपरी रेखा बड़ी है और दो शाखायुक्त है, शाखा का रुख हृदय रेखा की ओर है।

दाएं हाथ की रेखाओं का मुख्य रूप से पठन करते हैं।

जीवन रेखा गुरु पर्वत के निकट से उदित हुई है जो अधिक महत्त्वाकांक्षी बताती है, किंतु आकांक्षा पूरी होने में विलंब है क्योंकि अन्य रेखाओं का पर्याप्त सहयोग नहीं है।

जीवन रेखा शुक्र पर्वत का व्यापक घेरा बनाती हुई चंद्र पर्वत की ओर उन्मुख है, यह अच्छी जीवनशक्ति तथा यात्रा की इच्छा बताती है। चंद्र पर्वत की ओर की मोटाई से आड़ी रेखाएं चंद्र पर्वत पर प्रवेश करती हैं, यह यात्रा की प्रवृत्ति बताती है, किंतु प्रवृत्ति पूरा करने का संकेत सूर्य रेखा का पूरा सहयोग नहीं है।

60 वर्ष की आयु में एक जीवन रेखा समाप्त होती है। एक अन्य जीवन रेखा का अंश 59 वर्ष में आरंभ होता है, अतः 58 से 62 वर्ष का समय परिवार में परिवर्तन का है, यह परिवर्तन परिवार के टूटने का सूचक है। स्थान परिवर्तन भी हो सकता है, किंतु यह स्थान परिवर्तन सुखद नहीं है। तत्पश्चात बाद की जीवन रेखा का अंश 80 वर्ष तक समानांतर रेखा के साथ जाता है। यह 80 वर्ष की आयु तक का संकेत है।

मस्तिष्क रेखा अच्छी है। उसका रुख रक्षात्मक मंगल की ओर है। यह अच्छी व्यावहारिक बुद्धि, अच्छी आर्थिक स्थिति बताती है। इसके साथ दोनों अंगूठों के मध्य द्वीप का फल भी देखते हैं। दाएं अंगूठे का द्वीप स्पष्ट है, दूसरा खंडित है, इससे डेढ़ द्वीप का फल मिलेगा। धन की दृष्टि से हाथ अच्छा है, धन की स्थिति के लिए शनि रेखा को भी देखेंगे।

मुख्य शनि रेखा, जीवन रेखा से 28 वर्ष की आयु में अलग होती है। इस आयु में व्यक्ति ने परिवार से अलग अपनी योग्यता से लाभ पाया है। यह समय उसके विवाह का भी है। इसी आयु में बुध रेखा हल्की-सी आरंभ हुई है। यह इस आयु में व्यापार का संकेत है, किंतु बुध रेखा धुंधली व छोटी है और टूटी-फूटी है, अतः व्यापार बहुत अधिक लाभ का नहीं है। एक अन्य शनि रेखा 24 वर्ष की आयु में चंद्र पर्वत से निकली है, यह साझे से किए व्यापार का समय है। इस रेखा को 29 वर्ष की आयु में एक आड़ी रेखा काटती है। इस आयु में इसे साझे के व्यापार में विश्वासघात हुआ है। यह रेखा 33 वर्ष में समाप्त होती है, इसकी समाप्ति से पूर्व एक समानांतर रेखा इसे सहारा देती है। यह समानांतर रेखा 34 वर्ष पर समाप्त होती है। वहां से एक नई रेखा निकलकर सूर्य और बुध के मध्य भाग की ओर जाती है। एक अन्य रेखा सूर्य की ओर इसी आयु में जाती है। इस सूर्य रेखा में हल्का-सा क्रॉस है। यह सारा समय उथल-पुथल भरा है। धन के बजाय यश की ओर प्रवृत्ति है।

गोल जीवन रेखा और अंगूठे के मध्य का द्वीप इस उथल-पुथल में धन की रक्षा करता है। बुध पर्वत की कमी को दूर करने के लिए इन्हें पन्ना पहनने की सलाह दी गई है और बुध दोष निवारक उंगली मुद्रा का अभ्यास भी इन्हें बताया है। सूर्य पर्वत पर धुंधली खड़ी रेखाएं हैं। यह अनेक क्षेत्रों की ओर रुचित बताती है। अनेक खड़ी रेखाओं की बजाय एक खड़ी रेखा अधिक फल देती है। इन्हें मानसिक एकाग्रता के लिए सांस के निरीक्षण का अभ्यास करना चाहिए। शनि पर्वत पर एक इकहरी रेखा अधेड़ावस्था में धन की ओर से निश्चिंतता बताती है।

दाएं हाथ में हृदय रेखा दूषित है, छोटी रेखाओं से बटी रस्सी की तरह है। ऐसी हृदय रेखा निरंतर भावनात्मक आघात बताती है। इस व्यक्ति ने जिस पर अपना प्यार-स्नेह लुटाया, वह लौटकर नहीं मिला। इस रेखा में बुध और सूर्य पर्वत के मध्य भाग में द्वीप है, जो हृदय

और आंख के रोग का संकेत है। रोग का समय 58 से 60 के मध्य, क्योंकि इस आयु में जीवन रेखा दूषित है। इन्हें रक्तचाप निरंतर चैक कराते रहना चाहिए और हृदय-शक्तिवर्द्धक उंगली मुद्रा का अभ्यास करते रहना चाहिए। सूर्य के नीचे त्रिकोण मस्तिष्क रेखा की ओर है जो धन-संपत्ति की दृष्टि से अच्छा है।

शुक्र पर्वत और आक्रामक मंगल पर आड़ी रेखाएं परिवारजनों की ओर से बाधाएं हैं। जीवन रेखा के भीतर मंगल और शुक्र क्षेत्र में समानांतर रेखाएं बाधाओं का निवारण बताती हैं। उनमें से एक मंगल रेखा, जीवन रेखा के अत्यंत निकट है, जो अशांत स्वभाव बताती है। दूसरी मंगल रेखा टूटी-फूटी है, इसका अनुमोदन कामभाव की दो शाखायुक्त रेखा करती हैं। फल पत्नी से खटपट या पत्नी का बुरा स्वास्थ्य। कारण के लिए पुनः फिंगर प्रिंट्स देखते हैं। केवल एक डबल लूप है, शेष पर चक्र के चिह्न हैं। इसका फल यह है कि व्यक्ति स्वयं दुविधा से ग्रस्त है, किंतु अपनी बात मनवाने के लिए दृढ़संकल्प है। इन्हें आत्म-निरीक्षण करना चाहिए। संबंधों में सुधार होगा। टूटी-फूटी समानांतर रेखा के साथ एक अन्य स्पष्ट मंगल रेखा भी इस हाथ में है, जो परिवार के विशेष सहयोगी की ओर इशारा करती है। यह टूटी-फूटी रेखा के दोष का निवारण करती है।

गुरु मुद्रिकाएं तीन-तीन हैं, जो अध्यात्म तथा गुप्त विद्याओं के प्रति रुचि बताती हैं। धर्म की ओर प्रवृत्ति है, जो 50 वर्ष के उपरांत पूरी होगी क्योंकि स्पष्ट शनि रेखा उस आयु में है। अंगूठे के आधार पर दाएं हाथ में एक बड़ा द्वीप और बाएं में जंजीराकार रेखा तथा अंगूठे के आधार के निकट शुक्र पर्वत पर एक बड़ी तथा एक छोटी रेखा बताती है कि अनेक संतानें होंगी। एक अंत तक सहायक बनेगी। हृदय रेखा के अंत में अनेक शाखाएं भी वंश-वृद्धि बताती हैं।

सारांश यह है कि संघर्ष के उपरांत अधेड़ावस्था में आर्थिक दृष्टि से अच्छा हाथ। यश की आकांक्षा पूरी करने के लिए इन्हें अनेक क्षेत्रों में यत्न करने की बजाय एक क्षेत्र को चुनना चाहिए। इससे सूर्य पर्वत की रेखाओं में सुधार होगा। उपाय साथ-साथ हमने बता दिए हैं। हृदय रेखा के सुधार के लिए इन्हें चाहिए कि अच्छाई करके भूल जाएं। याद रखने से इन्हें निराशा मिलती है, क्योंकि अच्छाई का प्रत्युत्तर नहीं मिलता है, जिससे हृदय पर आघात पड़ता है। आंखों और रक्तचाप की नियमित जांच कराते रहना चाहिए।

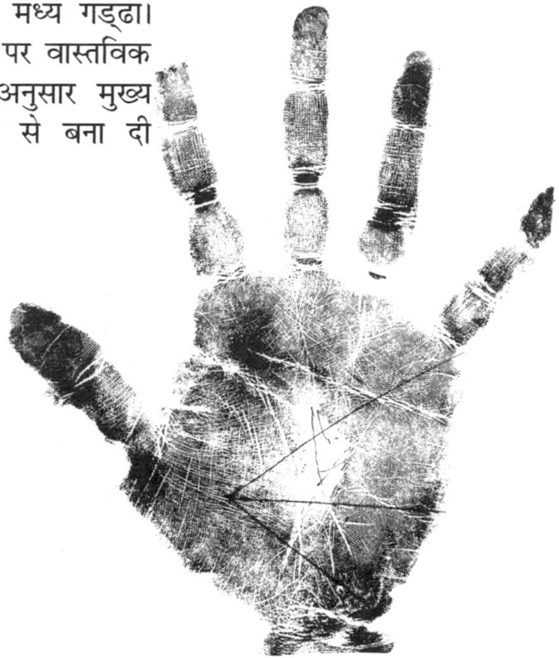

हैंड प्रिंट 5-ए. दायां हाथ

हथेली के मध्य गड्ढा। इस स्थान पर वास्तविक हाथ के अनुसार मुख्य रेखाएं पैन से बना दी गई हैं।

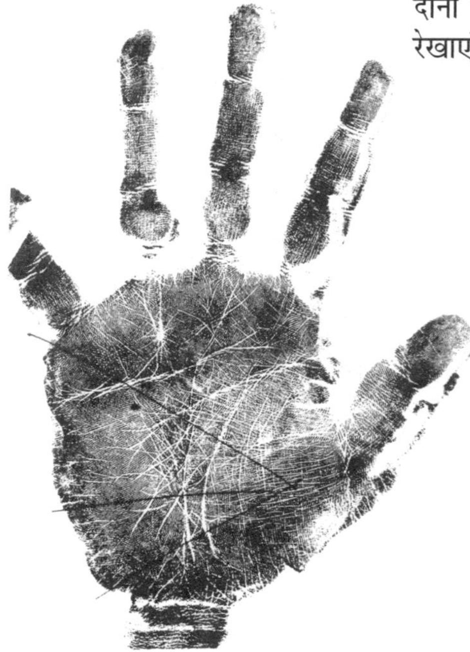

हैंड प्रिंट 5-बी. बायां हाथ

दोनों हाथों पर प्रभाव रेखाएं बहुत हैं।

हैंड प्रिंट - 5-ए, बी का फलादेश

यह 24 वर्षीय महिला का हाथ है। यह महिला एक अच्छी फर्म में कार्य करती है, उन्नति के लिए अपनी सर्विस बदलना चाहती है।

चंद्र, शुक्र तथा आक्रामक मंगल अविकसित है। शेष पर्वत सामान्य हैं कनिष्ठिका छोटी और निम्न स्थिति में है। दोनों हाथ के अंगूठे के दो पोरों के मध्य द्वीप है तथा अंगूठे के आधार पर जंजीर रेखा है। दाएं हाथ में कामभाव की एक रेखा है, जिसका रुख हृदय रेखा की ओर है। बाएं हाथ में छोटी-छोटी तीन कामभाव की रेखाएं हैं।

दायां हाथ सक्रिय है, अतः दाएं हाथ को मुख्य मानकर पठन करते हैं-

जीवन रेखा 21 वर्ष तक दूषित है और मस्तिष्क रेखा से मिली हुई उदित हुई है। इस समय तक हीनता की भावना तथा स्वास्थ्य की हानि रही है। जीवन रेखा की समापन की दिशा चंद्र पर्वत है, जो विदेश यात्रा का योग बताती है। इस योग को पूरा होने का समय जानने के लिए देखें कि जीवन रेखा से शाखा के रूप में शनि रेखा के निकलने का समय 31 वर्ष है। यह इच्छापूर्ति का समय है।

शुक्र पर्वत और चंद्र पर्वत के मध्य शनि पर्वत की दिशा में एक छोटी-सी रेखा निकली है। यह 21 वर्ष की आयु से आरंभ हुई है। यह समय उसकी नौकरी लगने का था। 24 और 26 वर्ष की आयु के मध्य इस रेखा में एक बारीक-सा द्वीप है। इस द्वीप का ऊपरी सिरा एक अन्य शनि रेखा को स्पर्श करता है। यह अन्य रेखा 22 वर्ष की आयु में चंद्र से निकली है। 22 वर्ष की आयु में इस स्त्री का विवाह हुआ है। दूसरी शनि रेखा के कारण पहली शनि रेखा के द्वीप के दोष का निवारण हो गया है, अर्थात 24 तथा 26 वर्ष की आयु में परेशानियों के साथ आर्थिक लाभ है।

जीवन रेखा के अंदर से अर्थात शुक्र पर्वत की ओर से बुध और सूर्य रेखा मिश्रित रूप में निकली है। यह जीवन रेखा को जिस स्थान पर काटती है, वह समय जीवन रेखा की दृष्टि से 55 से 60 वर्ष के मध्य का है। इस रेखा में जीवन रेखा से लगता हुआ द्वीप है। इस आयु में इन्हें स्वास्थ्य की हानि है, किंतु जीवन रेखा 70 वर्ष तक जा रही है, अतः स्वास्थ्य में सुधार होगा और 70 वर्ष तक ठीक रहेंगी।

जीवन रेखा के भीतर से उदित इस सूर्य/बुध रेखा के उदय का समय 18 वर्ष है। 18 से 23 वर्ष तक यह रेखा जीवन रेखा के भीतर रहती है। यह समय पारिवारिक दबाव का है। 24 वर्ष के उपरांत यह जीवन रेखा से मुक्त होकर 35 वर्ष तक बुध पर्वत की ओर स्पष्ट जाती है। इस समय इनकी व्यापारिक बुद्धि प्रबल है, जो किसी व्यापारिक संस्था में ऊंचे पद पर लाने वाली है। 35 वर्ष के उपरांत यह रेखा खंडित रूप में बुध की ओर जाती है। स्वास्थ्य संबंधी उतार-चढ़ाव और शरीर के मध्य भाग से पेट, पेडू के रोगों से इन्हें सावधान रहना चाहिए। इस रेखा को देखकर स्त्री के प्रश्न का उत्तर यह बनता है कि उन्नति के लिए अपनी सर्विस का क्षेत्र बदलने का समय आ गया है, क्योंकि इस आयु में बुध रेखा जीवन रेखा से मुक्त होती है और चंद्र पर्वत की शनि रेखा 23 और 24 के मध्य स्पष्ट निकलती है। यह बुध रेखा की सहायक रेखा है। 24 और 35 के दौरान शनि रेखा और जीवन रेखा के मध्य क्रॉस, वर्ग और त्रिकोण के चिह्न हैं। इनका मिला-जुलाकर फल यह है कि इस आयु में धन के साधन बनेंगे, किंतु मानसिक दृष्टि से परेशानियां भी। फिर भी नया कैरियर अपनाने की सलाह दी जा सकती है।

परेशानी का क्षेत्र जानने के लिए कामभाव की रेखा और मंगल को देखें। टूटी-फूटी मंगल रेखा और अधोमुखी कामभाव की रेखा दांपत्य जीवन की कठिनाई बताती है। 35 वर्ष के उपरांत दो शनि रेखाएं मिलकर एक होती हैं। उसके बाद कुठार रेखा चलती है, यह आर्थिक लाभ के साथ पारिवारिक परेशानी बताती है। कारण, दांपत्य जीवन में किसी अन्य व्यक्ति का हस्तक्षेप है। यह बात अभी से न बताई जाए तो अच्छा है।

28 से 36 के मध्य आयु का हथेली का भाग दबा हुआ है। इस कारण से इस भाग का प्रिंट स्पष्ट नहीं आया। अतः वास्तविक हाथ के अनुसार पैन से रेखाएं बनाई गई हैं। इस भाग में दो शनि रेखाएं

और एक बुध रेखा गुजरती है। दबे हुए अंश में रेखा का फल आधा रह जाता है, दांपत्य जीवन के कष्ट के साथ आर्थिक लाभ।

हृदय रेखा दूषित है और मस्तिष्क रेखा के निकट है, अतः स्त्री भावुक कम है। हानि-लाभ का विचार करने वाली है।

दूषित हृदय रेखा बुरा स्वास्थ्य बताती है। हृदय रेखा के ऊपरी भाग उंगलियों के आधार के पर्वत कटी-फटी रेखाओं से भरे हैं, जो अधेड़ावस्था की परेशानियां बताते हैं। अभी से उपाय बरतने से इसका अशुभ फल घटाया जा सकता है।

चंद्र पर्वत के ऊपरी और मध्य भाग पर कटी-फटी आड़ी रेखाएं हैं, इन्हें पेट और छाती के रोगों की ओर से सचेत रहना चाहिए। बुध रेखा का दोष पहले बता चुके हैं।

हथेली पर बहुत अधिक रेखाएं स्नायुमंडल की अधिक सक्रियता बताती हैं। उनके कारण अनिद्रा, रक्तचाप की असामान्यता हो सकती है। इन्हें ध्यान योग या सांस के निरीक्षण का अभ्यास करना चाहिए और रक्तचाप की जांच कराते रहना चाहिए।

अंगूठे के आधार के निकट शुक्र पर्वत पर संतान संबंधी रेखाएं अनेक हैं, किंतु स्पष्ट नहीं हैं। अंगूठे के आधार पर जंजीराकार रेखा में तीन द्वीप स्पष्ट हैं, ये तीन संतानें बताते हैं।

अंगूठे के दो पोरों के मध्य का द्वीप शनि रेखा के दोष को कम करता है, अर्थात धन संबंधी योग बनते रहेंगे। सारांश यह है कि यह हाथ अशांत स्त्री का है। धन के साधन बने रहने के बावजूद जीवन में प्रसन्नता नहीं है। उपाय बरतने से इन्हें मानसिक शांति प्राप्त होगी। उन्नति के अवसर तो इनके जीवन में हैं ही।

हैंड प्रिंट 6-ए.
दायां हाथ
जीवन रेखा की ऊर्ध्व की ओर जाने वाली बहुत-सी शाखाएं।

हैंड प्रिंट 6-बी.
बायां हाथ
बाएं हाथ में गुरु मुद्रिका स्पष्ट है, दाएं में टूटी है।

हैंड प्रिंट - 6-ए, बी का फलादेश

यह एक 36 वर्षीय उच्च व्यापारी का हाथ है। सक्रिय हाथ दायां है।

उंगलियां फैलाने से फासले कम रहते हैं। कनिष्ठिका लंबी है। बुध तथा रक्षात्मक मंगल अविकसित हैं। शुक्र पर्वत अति विकसित है। अन्य पर्वत सामान्य विकसित हैं। अंगूठे के दो पोरों के मध्य दीप है। दोनों हाथों में कामभाव की लंबी तीन-तीन रेखाएं हैं, इनका झुकाव हृदय रेखा की ओर है।

उंगलियों के मध्य कम फासले का अर्थ है कि व्यक्ति अपने विचार सरलता से नहीं बदलता। बुध पर्वत अविकसित है किंतु कनिष्ठिका लंबी है, इससे बुध पर्वत की कमी पूरी हो जाती है। इसका अनुमा. ेदन करने के लिए बुध रेखा, शनि रेखा से निकली है, यह अच्छी व्यापारिक बुद्धि बताती है।

जीवन रेखा की शाखाएं बहुत हैं। उनका रुख गुरु पर्वत की ओर है। अधिक शाखाएं अधिक महत्त्वाकांक्षी बताती हैं, किंतु अधिकता से किसी एक विषय पर एकाग्रता की कमी भी प्रकट होती है, अतः महत्त्वाकांक्षा कम पूरी होती है।

जीवन रेखा से एक शाखा 42 वर्ष की आयु में चंद्र पर्वत की ओर गई है। इस रेखा में द्वीप है। यह स्थान परिवर्तन का संकेत है, द्वीप के कारण यह परिवर्तन सुखद नहीं है।

दाएं हाथ में मुख्य शनि रेखा 22 वर्ष से आरंभ हुई है, यह विवाह का समय हो सकता है या व्यापार में प्रविष्ट होने का हो सकता है।

बुध रेखा 30 वर्ष की आयु में शनि रेखा से निकली है। उसकी दिशा बुध और सूर्य के मध्य है। यह व्यापार और यश दोनों दृष्टियों से अच्छी है। आगे जाकर यह रेखा छोटी-छोटी अनेक रेखाओं में

गुच्छे के रूप में धूमिल होती है। यह पेट, गैस तथा आंत संबंधी रोगों की संभावना बताती है।

एक अन्य शनि रेखा 35 वर्ष की आयु में जीवन रेखा से एक शाखा के रूप में निकली है। यह समय उसकी किसी महत्त्वाकांक्षा के पूरी होने का है। 35 वर्ष के उपरांत पूर्व शनि रेखा के साथ कुठार रेखा चलती है। यह 50 वर्ष तक जारी रहती है। जीवन रेखा से समानांतर शनि रेखा के कारण इस कुठार रेखा का दोष घट जाता है। यह संघर्ष के साथ प्रगति का लक्षण है।

एक अन्य बुध रेखा, जीवन रेखा के भीतर से निकलकर जीवन रेखा को काटती हुई शनि रेखा को क्रॉस करके रुकती है। जीवन रेखा को यह रेखा 60 वर्ष की आयु में काटती है, उसके उपरांत जीवन रेखा की टूटन है, किंतु जीवन रेखा का एक ओर का अंश इस दोष को ढकता है और वह अंश 70 वर्ष तक जारी रहता है। यह 60 वर्ष की आयु में जीवन में विशेष परिवर्तन बताता है, जो सुख नहीं है और तत्पश्चात 70 वर्ष से अधिक की आयु बताता है।

चंद्र पर्वत की शनि रेखा, दूसरी बुध रेखा और जीवन रेखा से चंद्र पर्वत की ओर जाने वाली शाखा, उन सभी के योग से जीवन और शनि रेखा के मध्य त्रिकोण है। यह त्रिकोण शनि के क्षेत्र में पड़ता है, इसलिए शनि रेखा के आयु संबंधी नियम के अनुसार यह समय 22 से 30 वर्ष का है, जो उस अवधि में धन-संपत्ति बताता है। मस्तिष्क रेखा अच्छी है और उसकी दिशा चंद्र पर्वत की ओर है। यह व्यापार में व्यक्ति की कल्पनाशक्ति का योग बताती है। अच्छी मस्तिष्क रेखा, अच्छी धन-संपत्ति बताती है। अंगूठे के दो पोरों के मध्य द्वीप उसका अनुमोदन करता है।

बाएं हाथ में अनेक त्रिकोण हैं। दो लंबे वर्ग अर्थात मछली के चिह्न हैं। ये भी धन और विद्या, दोनों दृष्टियों से अच्छे हैं। बाएं हाथ की रेखाओं का प्रभाव आधा माना जाता है।

हृदय रेखा दूषित है और हृदय रेखा की एक शाखा शनि रेखा, मस्तिष्क रेखा, जीवन रेखा को काटती हुई आक्रामक मंगल तक जाती है। यह देखने के साथ कामभाव की रेखाएं भी देखें, जो दोनों हाथों पर तीन-तीन हैं और उनका रुख हृदय रेखा की ओर है। मंगल रेखा धूमिल है और विकसित शुक्र पर्वत पर जाल है, इन सबका

मिला-जुला फल यह है कि विवाह के अतिरिक्त यौन संबंध और जीवनसाथी से खटपट है। उसकी पुष्टि के लिए देखें कि बाएं हाथ में मुख्य शनि रेखा के अतिरिक्त चंद्र पर्वत के ऊपरी भाग से एक शनि रेखा निकलती है, जो 40 वर्ष की आयु में पूर्व शनि रेखा में मिलती है। कामभाव की रेखाओं तथा अन्य लक्षणों को देखते हुए कहा जा सकता है कि विवाहेतर प्रेम-संबंध के आरंभ का समय 30 वर्ष है और यह 40 वर्ष तक जारी रहने वाला है।

दाएं हाथ की हृदय रेखा आरंभ में दो शाखायुक्त है और अंत में अनेक शाखाएं हैं। पैतृक विरासत भी मिलेगी और संतानें भी होनी हैं। अंगूठे के मूल पर शुक्र पर्वत पर खड़ी रेखाएं अधिक संतानें बताती हैं। इनमें से दोनों हाथ में दो अधिक स्पष्ट हैं, जो सहायक और सुखद हैं।

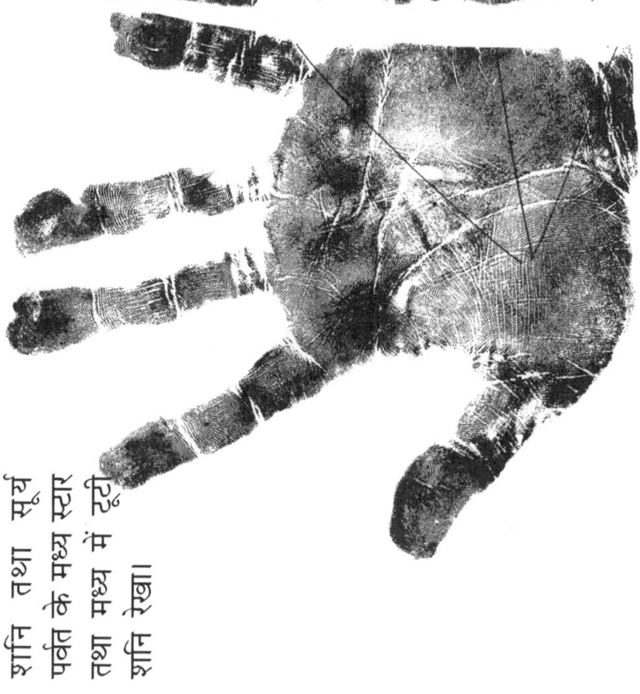

हैंड प्रिंट 7-ए.
दायां हाथ
शनि तथा सूर्य पर्वत के मध्य स्टार तथा मध्य में टूटी शनि रेखा।

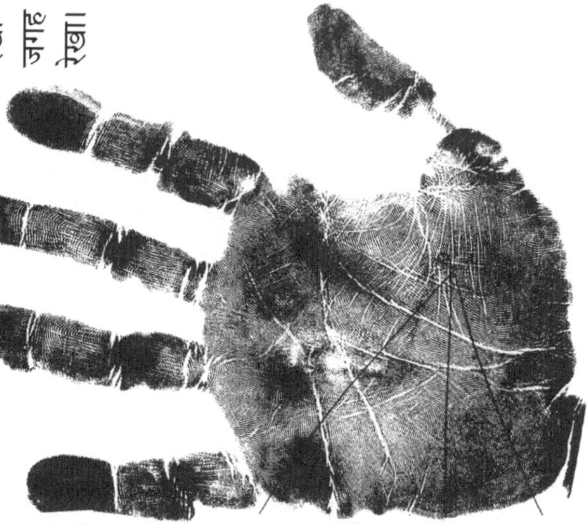

हैंड प्रिंट 7-बी.
बायां हाथ
दंदानेदार जीवन रेखा तथा अनेक जगह टूटी शनि रेखा।

हैंड प्रिंट - 7-ए, बी का फलादेश

यह हाथ 31 वर्ष के एक यूरोपियन का है। इसका सक्रिय हाथ बायां है।

हाथ बड़ा और चौड़ा है, अंगूठे का प्रथम पर्व बड़ा है। उंगलियां गठीली हैं। तर्जनी छोटी, अनामिका बड़ी है तथा उंगलियों का झुकाव मध्यमा की ओर है। गुरु, चंद्र, आक्रामक मंगल तथा रक्षात्मक मंगल अविकसित हैं। शनि तथा बुध अति विकसित हैं। सूर्य तथा शुक्र सामान्य विकसित हैं। अंगूठे के दोनों पोरों के मध्य द्वीप और अंगूठे के आधार पर जंजीर है। दाएं हाथ में कामभाव की दो सीधी रेखाएं हैं। बाएं में एक रेखा है, उसका रुख हृदय रेखा की ओर है।

बड़ी-चौड़ी हथेली व्यक्ति की कर्मठता बताती है और सूक्ष्म कार्य करने की योग्यता बताती है। अंगूठे का प्रथम पर्व बड़ा है, अनामिका तर्जनी से लंबी है। ये दोनों लक्षण जोखिम लेने की प्रवृत्ति बताते हैं। शनि पर्वत आम तौर पर दबा होता है, किंतु इस हाथ में यह पर्वत विकसित है और उंगलियों का रुख मध्यमा की ओर होने के कारण शनि का प्रभाव बढ़ जाता है। व्यक्ति को एकांत में रस मिलता है। गठीली उंगलियां, बुध पर्वत विकसित, गुरु अविकसित है। तर्जनी छोटी तथा हृदय रेखा धुंधली है, इस योग से स्पष्ट होता है कि व्यक्ति आदर्श की बजाय अपने लाभ की ओर देखता है और उसमें भावुकता नहीं है।

चंद्र के अभाव में बुध पर्वत स्थान परिवर्तन की प्रवृत्ति बताता है। हथेली पर एक स्थान पर मछली का चिह्न विदेश यात्रा का योग बताता है। इन सब लक्षणों का मिला-जुला फल यह है कि चेकोस्लोवाकिया में जन्मा यह युवक एक आध्यात्मिक संगठन से जुड़कर देश-देश में प्रचार-कार्य कर रहा है, किंतु हाथों के लक्षण बताते हैं कि मन से यह व्यक्ति आध्यात्मिक नहीं है।

बाएं हाथ को प्रमुख मानकर पठन करते हैं।

जीवन रेखा के भीतर की ओर (शुक्र पर्वत और आक्रामक मंगल की ओर) आरी के दांतों की तरह दंदानें हैं और मंगल रेखा के टुकड़े एक-दूसरे पर चढ़े हुए हैं। शुक्र पर्वत के द्वीप से एक प्रभाव रेखा मंगल रेखा को क्रॉस करती है। दाएं हाथ में हृदय रेखा द्वीपयुक्त है। बाएं हाथ की टूटी है। मस्तिष्क रेखा में द्वीप है। शनि रेखा अनेक स्थानों में टूटी है, किंतु इसके टुकड़े एक-दूसरे को ढकते हैं। इन लक्षणों के साथ बाएं हाथ की अधोमुखी कामभाव की रेखा पर नजर डालने से निष्कर्ष निकलता है कि व्यक्ति के संपर्क में अनेक स्त्रियां आई हैं और दूसरी मिलने के कुछ समय बाद वह पहली को छोड़ देता है। किसी के साथ भावनात्मक लगाव नहीं है।

आरंभ में जीवन रेखा में द्वीप है तथा आरंभ में शनि रेखा दो शाखायुक्त है। ये लक्षण 21 वर्ष तक का समय माता-पिता या संरक्षक का अभाव बताते हैं। शायद इसी कारण घर से निकला है और लंबी अनामिका तथा अंगूठे के पहले बड़े पर्व ने उसे अपने निर्णय को पूरा करने में सहायता दी है।

21 से 29 वर्ष तक शनि रेखा से लगता हुआ मछली का चिह्न उस आयु में विद्या, अध्ययन की रुचि बताता है। यह विदेश-यात्रा का योग भी है। इसके लिए भारत विदेश है। 29 वर्ष में शनि रेखा टूटी है, यह स्थान परिवर्तन का भी संकेत है और प्रेमपात्र के परिवर्तन का भी है। सवाली ने दोनों तथ्यों को स्वीकार किया है। 33 से 35 वर्ष के मध्य शनि रेखा में दूसरा परिवर्तन है, यही उसके प्रश्नों का उत्तर भी है कि वह सिंगापुर जाना चाहता है। कब जाएगा? उत्तर 33 से 35 वर्ष के मध्य का समय है।

40 वर्ष में एक शनि रेखा, मस्तिष्क रेखा पर समाप्त होती है, दूसरी शनि रेखा, मस्तिष्क रेखा के अन्य बिंदु से आरंभ होती है। यह पूरी जीवन-शैली के बदलने का संकेत है। इस आयु में यह आध्या. त्मिक लिबास छोड़कर सफेदपोश बन जाएगा और विवाह कर लेगा तथा एक स्थान पर बस जाएगा।

बाएं हाथ में 33 से 42 वर्ष तक हथेली का भाग दबा है। दाएं हाथ में 32 से 40 वर्ष तक दबा हुआ है। यह दबा हुआ भाग सूर्य पर्वत के नीचे है। बाएं हाथ के अनुसार इसका अर्थ यह है कि 33

से 42 वर्ष के मध्य अपयश की संभावना है। उससे बचने के लिए इन्हें गुरु पर्वत की कमी को सुधारना होगा। पुखराज पहनने से दोष दूर होगा।

45 वर्ष में शनि रेखा हृदय रेखा पर रुकती है। उससे तनिक फासले पर हृदय रेखा से एक अन्य रेखा शुरू होती है, जो अनामिका के आधार तक जाती है। अत: 45 वर्ष के बाद का समय इसके जीवन का स्वर्णिम अवसर है।

दाएं हाथ में हृदय रेखा गुरु तथा शनि के मध्य से आरंभ होती हुई सूर्य पर्वत पर रुक गई है। यहां पर एक त्रिकोण तथा एक स्टार बनाती है तथा वहां से हृदय रेखा का एक अन्य भाग आरंभ होकर बुध पर्वत की ओर जाता है। सूर्य पर्वत पर स्टार आंख के रोग तथा उच्च रक्तचाप बताता है। इसलिए हृदय-शक्तिवर्द्धक उंगली मुद्रा का अभ्यास करना चाहिए।

दाएं हाथ में जीवन रेखा 63 वर्ष के बाद धुंधली हो जाती है और बाएं में 70 की आयु में टूटी हुई है। यह 63वें वर्ष में जीवन शक्ति का क्षय बताती है। अभी से जीवन-शक्तिवर्द्धक उंगली मुद्रा का अभ्यास करके जीवन शक्ति के क्षय को यह रोक सकते हैं और 70 वर्ष तक स्वस्थ रह सकते हैं।

मस्तिष्क रेखा और शनि रेखा दूषित होने के बावजूद अंगूठे के दो पोरों के मध्य द्वीप के कारण इनका हाथ कभी तंग नहीं रहेगा।

अंगूठे के आधार की जंजीराकार रेखा तथा हृदय रेखा के अंत में शाखाएं संतान-उत्पादन की शक्ति बताती हैं। इनका फल विवाह के उपरांत होगा। हृदय रेखा धुंधली व शाखाहीन है और शुक्र पर्वत पर अंगूठे के आधार के निकट संतान रेखाएं नहीं हैं। इससे प्रकट होता है कि संतान, पत्नी आदि से भावनात्मक लगाव की संभावना नहीं है।

दाएं हाथ की हृदय रेखा के मध्य गड्ढा है और हृदय रेखा टूटी रेखाओं से बनी है। इन्हें हृदय और रक्तचाप की जांच कराते रहना चाहिए, इसका प्रभाव जो 60 वर्ष में जीवन रेखा से दिखाई देता है, दूर करने के लिए हृदय-शक्तिवर्द्धक उंगली मुद्रा का अभ्यास करना चाहिए।

दोनों हाथों में स्पष्ट गुरु मुद्रिका गुप्त विद्या की ओर रुचि बताती

है। सवाली स्वीकार करता है कि उसकी अध्यात्म, ज्योतिष, पामिस्ट्री में गहरी रुचि है।

सारांश यह है कि यह हाथ धन-संपत्ति एवं व्यापार की दृष्टि से अच्छा है, किंतु दांपत्य जीवन की दृष्टि से दूषित है। उंगली मुद्राओं के अतिरिक्त लोहे की अंगूठी धारण करने से इन्हें लाभ होगा।

भविष्य सुधार के उपाय

बाधा-निवारण के उपाय

इस प्रकरण की भूमिका

पामिस्ट के पास आने वाले व्यक्ति किसी-न-किसी समस्या से घिरे हुए होते हैं या किसी दुविधा से ग्रस्त होते हैं। शुभचिंतक पामिस्ट का कर्त्तव्य है कि वह समस्या-ग्रस्त व्यक्ति को उसकी समस्या निव. ारण के लिए उपाय बताए, जिससे वह तनाव से मुक्त हो सके तथा दुविधाग्रस्त व्यक्ति को उसके मूल स्वभाव (Basic Nature) के अनुसार मार्ग बताकर उसे दुविधा से निकाले, इसलिए इस इंस्टीट्यूट द्वारा प्रकाशित पुस्तकों में बाधा निवारण के उपाय बताए गए हैं। इंस्टीट्यूट की पुस्तक 'पामिस्ट्री के वैज्ञानिक और व्यावहारिक सूत्र' में हमने भविष्य सुधार के उपायों की वैज्ञानिकता पर भी प्रकाश डाला है।

इस प्रकरण में हम केवल उन उपायों का विवरण दे रहे हैं, जिन. के संकेत इस पुस्तक के दूसरे तथा तीसरे प्रकरण में दिए हैं। यहां हम यह कहना आवश्यक समझते हैं कि उपाय के प्रभाव में जातक की आस्था की मुख्य भूमिका होती है। जातक के धर्म, मजहब और उसकी मानसिक प्रवृत्ति के अनुरूप उपाय बताए जाने चाहिए अन्यथा उपाय से पूरा लाभ नहीं मिलता।

बाधा निवारक मंत्र

संकट निवारक मंत्र

ॐ नमो गणेशाय:

ऋण, मुकदमा आदि संकटों के निवारण के लिए इस मंत्र का एक माला प्रतिदिन जाप करें तथा प्रत्येक पक्ष की गणेश चतुर्थी में व्रत उपवास रखें।

सर्व सुखकारक गायत्री मंत्र

ओ३म् भूर्भुवः स्वः
तत् सवितुर्वरेण्यं भर्गो देवस्य धी महि।
धियो यो नः प्रयोदयात्।।

कन्या विवाह में बाधा निवारक गौरी मंत्र

कात्यायनी महामये
महा योगिन्यधीश्वरी।
नंद गोप सुतं देवि
पतिं मे कुरुते नमः।।

शिव मंत्र

ॐ नमः शिवायः

संतान प्राप्ति के लिए मंत्र

ॐ श्री ह्रीं क्लीं ग्लौं देवकी सुत
गोविंद वासुदेव जगत्पते। देहि मे
तनयं कृष्ण त्वामहं शरणं गतः।।

इस मंत्र का हर प्रातः जाप करें। संतान के इच्छुक पति-पत्नी भाद. पक्ष शुक्ल की सप्तमी को अपने इष्ट का पूजन करें और उपवास रखें।

धन और समृद्धि का मंत्र

ओं महादेव्यै च विद्महे
विष्णुपत्रै च धीमहि।
तन्नो लक्षी प्रयोदयात्।

विद्या के लिए मंत्र

प्रणो देवि सरस्वति
वाजेभिर्वाजिनीवती।
धीमामवृत्यवतु।।

इच्छा पूर्ति का मंत्र

नमः सर्वनिवासाय सर्वशक्तियुताय ते।
ममाभीष्ठम् कुरु ष्वासु शरणागत वत्सल।।

विवाह के लिए मंत्र

हे गौरि शंकरार्धांगिं
तथा
त्वम् शंकरप्रिये
तथा
माम् कुरु कल्याणि
कांत कांतम् सुदुर्लभम्।।

प्रतिरोधी एवं कानूनी केस को जीतने का मंत्र

नृसिंह मंत्र–
ओं वज्रनखाय विद्महे
तीक्ष्णदंगष्ट्राय धीमहि। तन्नो
नारसिंह प्रचोदयात्।।
दुर्गा मंत्र–
ओं कात्यायनाय विद्महे
कन्यकुमारि धीमहि। तन्नो
दुर्गि प्रचोदयात्।।

रत्न तथा धातु द्वारा अशुभ का निवारण

रत्न तथा धातु द्वारा अशुभ का निवारण

ज्योतिषीगण जन्मपत्री के अनुसार ग्रह-नक्षत्रों का प्रभाव घटाने-बढ़ाने के लिए अंगूठी में रत्न धारण करने का सुझाव देते हैं। उनका उद्देश्य भी उंगलियों द्वारा मस्तिष्क के कुछ विशेष केंद्रों को शक्तिशाली बनाना है। हस्तविद्या में भी हमने धातुओं तथा रत्नों के स्पर्श द्वारा शुभ प्रभाव होते देखा है, उसका विवरण भी हम इस अध्याय में दे रहे हैं।

फलित ज्योतिष में नवग्रहों का विधान है। प्रत्येक ग्रह को बल देने के लिए अलग-अलग रत्न सुझाए जाते हैं, उनका विवरण इस प्रकार है-

सूर्य के लिए **मणिक** (Ruby), चंद्र के लिए **मोती** (Pearl), मंगल के लिए **मूंगा** (Coral), बुध के लिए **पन्ना** (Emcrald), गुरु अथवा बृहस्पति के लिए **पुखराज** (Topaz), शुक्र के लिए **हीरा** (Diamond), शनि के लिए **नीलम** (Blue Sapphire), राहु के लिए **गोमेद** (Pyrope) तथा केतु के लिए **लहसुन** (Cat's Eye)A

हथेली के पर्वत और रत्न

पामिस्ट्री में अधिकतर ग्रंथकार हथेली के पर्वतों का नाम सात ग्रह-नक्षत्रों के नामों पर करते हैं। वे पर्वत हैं- गुरु, शनि, सूर्य, बुध, मंगल, चंद्र और शुक्र।

कुछ ग्रंथकार आक्रामक मंगल को 'राहु स्थान' तथा रक्षात्मक मंगल को 'केतु स्थान' कहते हैं। (देखें चित्र 13/1)। किंतु अधिकतर ग्रंथकारों ने मंगल के बहुत बड़े क्षेत्र को इन तीन विभागों में बांटा है-

बुध पर्वत तथा चंद्र पर्वत के मध्य भाग को ऊर्ध्व मंगल, जिसे हमने इस स्थल की विशेषता के अनुसार रक्षात्मक मंगल कहा है। गुरु पर्वत तथा शुक्र पर्वत के मध्य भाग को निम्न मंगल, जिसे हमने

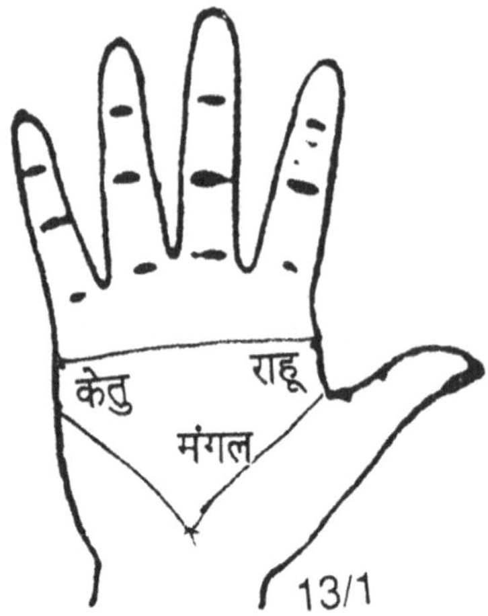

13/1

इस स्थल की विशेषताओं के अनुसार आक्रामक मंगल कहा है तथा हथेली का मध्य भाग, जिसे हमने मंगल का मैदान कहा है (देखें चित्र 13/2)। हमारे अनुभव के अनुसार मंगल का यह विभाजन अपनी-अपनी विशेषताओं के अनुसार ठीक है।

हथेली के पर्वतों को बल देने के लिए भी रत्नों की अंगूठी पहनना शुभ

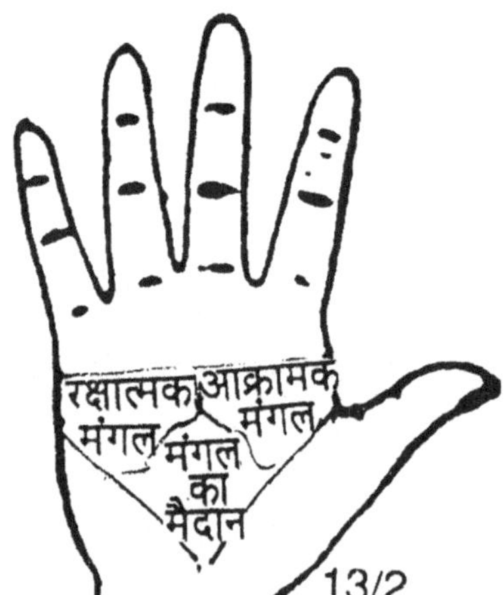

13/2

फल देता है, किंतु नीलम धारण करना कुछ जोखिम का काम है, उस स्थान पर हम पन्ना धारण करने का परामर्श देते हैं, यह इसलिए कि पन्ना और

नीलम इन दोनों रत्नों में वायु तत्त्व प्रधान होता है, किंतु पन्ना के प्रयोग में हानि की संभावना नहीं है जबकि नीलम में कुछ हानि की आशंका रहती है।

हथेली के पर्वतों में से जो अविकसित हो उनके लिए निम्नलिखित विवरण के अनुसार रत्न धारण करने चाहिए–

गुरु पर्वत अविकसित हो या तर्जनी छोटी हो तो पुखराज, शनि पर्वत दूषित हो तो पन्ना।

यहां यह स्पष्ट करना हम आवश्यक समझते हैं कि शनि पर्वत आम तौर पर दबा होता है, किंतु शनि की उंगली मध्यमा आम तौर पर लंबी होती है। इसलिए दबा पर्वत भी विकसित के समान होता है। यदि मध्यमा लंबी होने के साथ शनि पर्वत भी विकसित हो तो उसे अतिविकसित मानें। यदि मध्यमा का आकार तर्जनी या अनामिका के बराबर हो तो मध्यमा को छोटी समझें।

बुध पर्वत अविकसित हो या कनिष्ठिका छोटी हो तो पन्ना, रक्ष.
ात्मक मंगल अविकसित हो तो भी पन्ना, आक्रामक मंगल, मंगल का मैदान अविकसित हो तो मूंगा, चंद्र पर्वत अविकसित हो तो मोती, शुक्र अविकसित हो तो भी मूंगा।

फलित ज्योतिष में शुक्र के प्रभाव को बढ़ाने के लिए हीरा धारण करने का विधान है, किंतु पंचतत्त्वों की मान्यता के अनुसार हीरा जलतत्त्व प्रधान रत्न है, जबकि हस्तविद्या में शुक्र कामभाव से संबंधित पर्वत है। कामभाव का संबंध अग्नितत्त्व से है। मूंगा अग्नितत्त्व प्रधान रत्न है, जो शुक्र पर्वत को बल देने के लिए अधिक उपयुक्त है।

नीलम के बदले पन्ना और हीरा के बदले मूंगा धारण करने का हमारा सुझाव हमारे पामिस्ट्री से संबंधित अनुभव पर आधारित है, जिसका कारण भी हमने बता दिया है। फलित ज्योतिष में कुंडली के अनुसार कौन-सा रत्न धारण किया जाए, इस विषय में जन्मपत्री के विशेषज्ञ ज्योतिषी के निर्देश का पालन करना चाहिए।

प्रश्न उठता है कि यदि किसी हाथ में अनेक पर्वत अविकसित हों तो क्या उसको अनेक रत्न धारण करने चाहिए? इसका उत्तर है कि अधिक-से-अधिक दो रत्न धारण करने चाहिए। यदि दो से अधिक पर्वत अविकसित हों तो उष्ण पर्वतों को बल देने के लिए मूंगा और शीतल पर्वतों को बल देने के लिए पन्ना धारण करें।

शीतल और उष्ण पर्वत

हथेली के लंबवत् (Vertical) दो भाग करने से अंगूठे की ओर का लगभग आधा भाग व्यक्ति के उष्ण तत्त्व का प्रतिनिधित्व करता है (देखें चित्र 13/3क)। इस विभाग का केवल शनि पर्वत का छोटा-सा अंश शीतल प्रभाव बताता है (देखें चित्र 13/3ख)।

कनिष्ठिका की ओर का लगभग आधा भाग व्यक्ति के शीतलतत्त्व का प्रतिनिधित्व करता है (देखें चित्र 13/3ग)। इस विभाग में सूर्य पर्वत का छोटा-सा अंश उष्ण प्रभाव बताता है (देखें चित्र 13/3घ)।

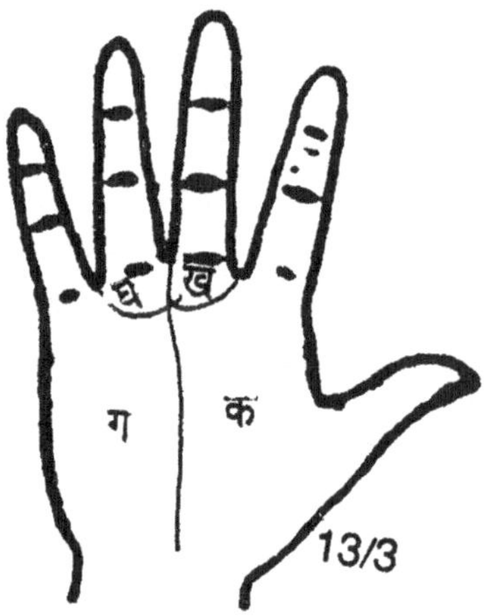

उष्ण भाग का संबंध चेतन से है अर्थात क्रिया शक्ति से है और शीत भाग का संबंध अवचेतन मन अर्थात विचार शक्ति से है। दूसरे शब्दों में, जिन व्यक्तियों का अंगूठे की ओर का आधा भाग अधिक विकसित होता है, वे शारीरिक कर्मठता के कार्यों के अधिक योग्य होते हैं तथा जिनका कनिष्ठिका की ओर का आधा भाग विकसित हो, वे मस्तिष्क प्रधान होते हैं। वे योजना बनाने में कुशल होते हैं।

रत्नों का वजन

ऊपर बताए गए विभाजन के अनुसार उष्ण पर्वतों में से यदि कोई एक पर्वत अविकसित हो तो उन्हें उस पर्वत से संबंधित 500

मिली ग्राम का रत्न धारण करना चाहिए यथा गुरु के लिए पुखराज, आक्रामक मंगल अथवा मंगल का मैदान अथवा शुक्र के लिए मूंगा तथा सूर्य के लिए माणिक।

यदि दो उष्ण पर्वत अविकसित हों तो 700 मि.ग्रा. का मूंगा धारण करें। तीन उष्ण पर्वतों की कमी पूरी करने के लिए 900 मि.ग्रा. का मूंगा तथा चार उष्ण पर्वतों के अविकसित होने पर 1-200 ग्रा. का मूंगा धारण करें।

शीतल पर्वतों में से यदि एक शीतल पर्वत अविकसित हो तो उस कमी की पूर्ति के लिए उस पर्वत से संबंधित 500 मि.ग्रा. का रत्न धारण करें, यथा शनि अथवा रक्षात्मक मंगल अथवा बुध अविकसित हो तो पन्ना। चंद्र अविकसित हो तो मोती। एक से अधिक शीतल पर्वत अविकसित हों तो, दो शीतल पर्वतों की कमी पूर्ति के लिए 700 मि.ग्रा. का पन्ना, तीन शीतल पर्वतों के लिए 900 मि.ग्रा. का पन्ना तथा चार शीतल पर्वतों के लिए 1-200 ग्रा. का पन्ना धारण करें।

ग्रह पर्वतों को बल देने के लिए रत्न धारण करें, तो अंगूठी इस प्रकार बनवाएं कि रत्न का पिछला भाग त्वचा को स्पर्श करे।

धातु-स्पर्श

रत्न इतने महंगे हैं कि उन्हें खरीद सकना हर व्यक्ति के बस की बात नहीं है। उसके लिए धातु-स्पर्श द्वारा अशुभ का निवारण कर सकते हैं।

पुरानी मान्यता है कि लोहे का प्रभाव शीतल होता है और तांबे का उष्ण। अतः उष्ण पर्वत अविकसित हों तो मूंगा, माणिक, पुखराज के स्थान पर तांबा धारण करें। यदि शीतल पर्वत अविकसित हों तो पन्ना, मोती, नीलम के स्थान पर लोहा धारण करें।

किस उंगली में रत्न या धातु धारण किया जाए

यदि एक रत्न धारण करना हो तो सक्रिय हाथ की अनामिका में धारण करें। यदि दो रत्न धारण करने की आवश्यकता पड़े तो उष्ण रत्न या तांबा सक्रिय हाथ की मध्यमा में धारण करें और शीतल रत्न या लोहा सक्रिय हाथ की अनामिका में धारण करें।

जो व्यक्ति दाएं हाथ से लिखते हैं, उनका सक्रिय हाथ दायां है, जो बाएं हाथ से लिखते हैं, उनका सक्रिय हाथ बायां है।

रत्न या धातु धारण के लिए शुभ दिन

जिस व्यक्ति का जो पर्वत अविकसित हो उसे उस पर्वत से सं. बंधित दिन को प्रातः इष्ट देव का स्मरण करके अंगूठी धारण करनी चाहिए। उदाहरणतः जिसका सूर्य पर्वत अविकसित हो, उसे रविवार को अंगूठी धारण करने का शुभारंभ करना चाहिए, जिसका चंद्र पर्वत अविकसित हो, उसके लिए सोमवार उचित है। इसी प्रकार अन्य ग्रहों के वारों पर अंगूठी धारण करनी चाहिए।

जो लोग अंगूठी धारण न करना चाहें, वे उष्ण पर्वतों का प्रभाव बढ़ाने के लिए तांबे का कंगन पहनें तथा शीतल पर्वतों का प्रभाव बढ़ाने के लिए लोहे का कंगन पहनें।

संतुलन आवश्यक है

जिस व्यक्ति के सभी पर्वत विकसित हों उन्हें कुछ भी धारण करने की आवश्यकता नहीं है। सारे विकसित न हों तो गर्म और ठंडे, दोनों प्रकार के पर्वत बराबर विकसित होने चाहिए। इससे संतुलन बना रहता है। विचार शक्ति और शारीरिक शक्ति का संतुलन सौभाग्यकारक है। रेखाओं का दोष दूर करने के लिए उंगलियों की मुद्राओं का वे अभ्यास कर सकते हैं।

ग्रह के अनुकूल रत्न एवं धारण करने के तरीके

सूर्य के लिए

अनुकूल रत्न रूबी माणिक (Ruby)

माणिक इनका प्रधान रत्न है। माणिक के अभाव में गारनेट, तामड़ा, लालड़ी, सूर्यमणि या लाल हकीक शुक्ल पक्ष में रविवार के दिन लाभ के चौघड़िया मुहूर्त में, सोने की अंगूठी में, लगभग पांच रत्ती का, दाएं हाथ की अनामिका उंगली में, त्वचा को स्पर्श करता हुआ, धारण करें।

माणिक धारण विधि–

माणिक की अंगूठी सोने या चांदी में बनवाकर रविवार के दिन कच्चे दूध और गंगाजल से धोकर अनामिका उंगली में धारण करनी

चाहिए। सूर्य का मंत्र निम्नलिखित है। माणिक की अंगूठी निम्न मंत्र का उच्चारण करते हुए धारण करनी चाहिए–

'ॐ ह्रां ह्रीं ह्रौं सः सूर्याय नमः'

चंद्र के लिए

अनुकूल रत्न मोती (Pearl)

पांच रत्ती का मोती इनका प्रमुख रत्न है। यदि यह मोती धारण न कर सकें तो मून स्टोन, चंद्रमणि, दूधिया हकीक, सोमवार की सुबह दाएं हाथ की कनिष्ठा उंगली में, चांदी की अंगूठी में जड़वाकर धारण करें।

मोती धारण विधि–

मोती सोने या चांदी की अंगूठी में जड़वाकर धारण करना चाहिए। इनमें भी चांदी में धारण करना अधिक श्रेष्ठ है। सोमवार के दिन प्रातःकाल नित्यकर्म आदि से निवृत्त होकर मोती की अंगूठी को कच्चे दूध और गंगाजल से धोकर निम्नलिखित मंत्र का उच्चारण करते हुए दाएं हाथ की कनिष्ठा उंगली में धारण करना चाहिए। चंद्रमा का मंत्र निम्नलिखित है–

'ॐ श्रां श्रीं श्रौं सः चंद्रमसे नमः'

बुध के लिए

अनुकूल रत्न पन्ना (Embrold)

इनके लिए पन्ना शुभ रत्न है। उसके न मिलने पर उपरत्न मरगज, ओनेक्स, ग्रीन पेरीडॉट धारण करें। इसे सोने या चांदी की अंगूठी में तीन से छह रत्ती का जड़वाकर, बुधवार के दिन, शुक्ल पक्ष में, दाएं हाथ की कनिष्ठा उंगली में, त्वचा को स्पर्श करता हुआ धारण करें।

पन्ना धारण विधि–

पन्ने की अंगूठी सोने, चांदी या प्लेटिनम में बनवाकर दाएं हाथ की कनिष्ठा उंगली में धारण करनी चाहिए। बुधवार के दिन प्रातः

नित्यकर्म आदि से निवृत्त होकर कच्चे दूध और गंगाजल से अंगूठी को धोकर निम्नलिखित मंत्र के उच्चारण के साथ धारण करनी चाहिए–

'ॐ ब्रां ब्रीं ब्रौं सः बुधाय नमः'

शुक्र के लिए

अनुकूल रत्न हीरा (Diamond)

ऐसे जातक हीरा धारण करें। यदि यह हीरा खरीद नहीं सकते तो ओपल, सफेद पुखराज, झरकन धारण करें। इक्यावन सेंट का हीरा शुक्ल पक्ष में, शुक्रवार के दिन, लाभ के चौघड़िया मुहूर्त में, प्लेटिनम या चांदी की अंगूठी में, दाएं हाथ की अनामिका उंगली में, त्वचा को स्पर्श करता हुआ धारण करें।

हीरा धारण विधि–

हीरे को सोने या चांदी की अंगूठी में जड़वाकर शुक्रवार के दिन अनामिका उंगली में धारण करना चाहिए। धारण करने से पूर्व इसे कच्चे दूध और गंगाजल से धोकर निम्नलिखित मंत्र के उच्चारण के साथ धारण करना चाहिए। शुक्र का मंत्र निम्नलिखित है–

'ॐ द्रां द्रीं द्रौं सः शुक्राय नमः'

मंगल के लिए

अनुकूल रत्न मूंगा (Red Coral)

ऐसे जातक मूंगा धारण करें। इसके न मिलने पर संगसितारा, लाल हकीक, लाल मून स्टोन धारण कर सकते हैं। इसे मंगलवार के दिन, शुक्ल पक्ष में, शुभ चौघड़िया मुहूर्त में, तांबा, सोना, मिश्रित धातु या चांदी में छह से नौ रत्ती का मूंगा बनवाकर, दाहिने हाथ की अनामिका उंगली में, त्वचा को स्पर्श करते हुए धारण करें।

मूंगा धारण विधि–

मूंगे की अंगूठी सोने, चांदी अथवा चांदी व तांबा दोनों धातुओं को मिलवाकर उसमें धारण की जाती है। अतः उपर्युक्त धातुओं में से किसी में, मूंगे की अंगूठी अनामिका उंगली के नाप की बनवाकर कच्चे दूध और गंगाजल से धोकर मंगलवार के दिन प्रातः सूर्योदय से

11 बजे के मध्य दाएं हाथ की अनामिका उंगली में निम्न मंत्र के उच्चारण के साथ धारण करनी चाहिए–

'ॐ क्रां क्रीं क्रौं सः भौमाय नमः'

स्त्रियों के लिए बाएं हाथ की अनामिका उंगली में धारण करने का विधान है।

गुरु के लिए

अनुकूल रत्न पुखराज (Yellow Sapphire)

पुखराज इनके लिए मुख्य रत्न है। यदि पुखराज न मिले तब ये सुनेला, टाइगर आई, पीला हकीक धारण कर सकते हैं। इसे सोने की अंगूठी में चार से पांच रत्ती का बनवाकर, दाएं हाथ की तर्जनी उंगली में, त्वचा को स्पर्श करता हुआ धारण करें।

पुखराज धारण विधि–

पुखराज की अंगूठी सोने या चांदी में बनवाकर दाएं हाथ की तर्जनी उंगली में धारण करनी चाहिए। बृहस्पतिवार के दिन प्रातः कर्म से निवृत्त होकर अंगूठी को कच्चे दूध और गंगाजल से धोकर निम्नलिखित मंत्र के उच्चारण के साथ धारण करनी चाहिए–

'ॐ ग्रां ग्रीं ग्रौं सः गुरवे नमः'

शनि के लिए

अनुकूल रत्न नीलम (Blue Sapphire)

इनके लिए नीलम सबसे अधिक लाभकारी रहेगा। इसके न मिलने पर बैंकॉक नीलम, लाजवर्त, काला नीली इत्यादि धारण कर सकते हैं। इसे शनिवार के दिन, शुक्ल पक्ष में, चौघड़िया मुहूर्त में, त्रिधातु या चांदी की अंगूठी में सवा तीन से सवा पांच रत्ती का नीलम बनवाकर दाहिने हाथ की मध्यमा उंगली में, त्वचा को स्पर्श करता हुआ धारण करें। यह इनके लिए शुभ फलदायक रहेगा।

नीलम धारण विधि–

नीलम की अंगूठी सोने, चांदी या लोहे में बनवाकर शनिवार के

दिन कच्चे दूध और गंगाजल से धोकर निम्नलिखित मंत्र के उच्चारण के साथ मध्यमा उंगली में धारण करनी चाहिए–

'ॐ प्रां प्रीं प्रौं सः शनये नमः'

राहु के लिए

अनुकूल रत्न गोमेद

ऐसे जातक चांदी की अंगूठी में सात से ग्यारह रत्ती का गोमेद बनवाकर शनिवार के दिन धारण करें। गोमेद के न मिलने पर ये कत्थई या काला-लाल हकीक भी पहन सकते हैं। इसे शुक्ल पक्ष में, शनिवार के दिन, दाएं हाथ की मध्यमा उंगली में, त्वचा को स्पर्श करता हुआ धारण करें।

गोमेद धारण विधि–

गोमेद की अंगूठी सोने, चांदी या तांबे में बनवाकर रविवार के दिन प्रातःकाल कच्चे दूध और गंगाजल से धोकर दाहिने हाथ की अनामिका उंगली में निम्नलिखित मंत्र के उच्चारण के साथ धारण करनी चाहिए–

'ॐ भ्रां भ्रीं भ्रौं सः राहुवे नमः'

केतु के रत्न लहसुनिया (Cat's Eye)

केतु के लिए

अनुकूल रत्न लहसुनिया (Cat's Eye)

इनके लिए लहसुनिया प्रमुख रत्न है। इसके न मिलने पर यह पीला हकीक भी धारण कर सकते हैं। इसे शुक्ल पक्ष में, शनिवार के दिन, शुभ चौघड़िया मुहूर्त में, चांदी की अंगूठी में तीन से पांच रत्ती के लगभग, दाहिने हाथ की कनिष्ठा उंगली में, त्वचा को स्पर्श करते हुए धारण करें।

लहसुनिया धारण विधि–

लहसुनिया की अंगूठी सोने या चांदी में बनवाकर सोमवार के दिन

कच्चे दूध व गंगाजल से धोकर अनामिका उंगली में निम्नलिखित मंत्र के उच्चारण के साथ धारण करनी चाहिए–

'ॐ स्त्रां स्त्रीं स्त्रौं सः केतवे नमः'

इंस्टीट्यूट ऑफ पामिस्ट्री की पुस्तकें

- पामिस्ट्री के गूढ़ रहस्य
- पामिस्ट्री के वैज्ञानिक और व्यावहारिक सूत्र
- 50 हैंडप्रिंट (फलादेश तथा उपाय सहित)
- पामिस्ट्री के अनुभूत प्रयोग भाग 1, 2, 3
- पामिस्ट्री गाइड
- ग्रह–नक्षत्रों द्वारा भाग्य निर्माण

दयानंद वर्मा रचित धर्म, संस्कृति मनोविज्ञान की पुस्तकें

- श्रीमद्भगवद्गीता : आधुनिक व्याख्या
- ध्यान योग : कुछ सरल विधियां
- ब्रह्मज्ञान का यथार्थ
- मानसिक समस्याएं और हम

उपन्यास कहानियां तथा अन्य रोचक ज्ञानवर्द्धक पुस्तकें

- कलजुगी उपनिषद (पुरस्कृत उपन्यास)
- नई सोच की कहानियां
- आने वाले कल की कहानियां
- जिंदाबाद मुर्दाबाद (उपन्यास)
- पश्चिम के तीन रंग (यात्रा वृत्तांत)
- यौन व्यवहार अनुशीलन
- कामभाव की नई व्याख्या

□